건강한 신앙 1
건강한 교회

은사와 열매로 집사 세우기

송대종 지음

쿰란출판사

머리말

저는 새로운 과정의 대학 입학을 위해 텍사스 주로 이주하여 약 4년 동안 부목사로 사역한 바 있습니다. 그곳은 미국 내 가장 큰 군부대가 가깝게 위치해 있어서 한인 대다수가 군인가족이라는 특징을 가진 작은 동네였습니다. 그래서인지 다른 이민 지역보다 종교적인 성향이 더 강해 보였습니다. 하지만 교회는(어느 지역, 어느 교회든 마찬가지이지만) 그런 교인들의 영적 요구를 적절히 수용하거나 공급하지 못하고 있는 것을 느낄 수 있었습니다. 하나님을 아는 앎으로부터 나오는 은혜를 사모하기보다 대부분 감정적이고 형식적인 것에 종교적 에너지를 소비하는 현장을 많이 목격했습니다.

감정적이고 종교적인 교회의 특징은 항상 들떠 있고, 뭔가 바쁘고, 흥분되어 있다는 것입니다. 그래서 강단은 무대로, 예배는 쇼로, 말씀 중심의 신앙은 은사주의와 기복신앙 등으로 변질되어 갑니다. 갈수록 화려한 조명을 갈급해하고, 겉으로 드러나는 현상에 몰두합니다. 하지만 건강한 교회는 언제나 차분하고, 진지하며, 안정되어 있습니다. 왜냐하면 오직 말씀 중심으로 교인의 신앙을 돌보며, 겸손하신 예수님 안에서 성도의 온전한 교제에 집중하기 때문입니다.

개혁주의 목회자인 마크 데버(Mark Dever)는 그의 대표적 저서 《건강한 교회의 9가지 특성》에서 현대교회가 병든 이유를 9가지로 분류하고 진단했습니다. 필자는 거기서 결국 교회가 건강하게 세워지기 위해서는 결국 교인 개개인의 영적 성숙으로 말미암는 인격적 변화가 가장 중요하다는 통찰을 얻게 되었습니다. 그리고 성경은 개인의 영적 성숙은 '앎'에서 시작되며, 인격은 그 앎을 '실천함'에서 변화된다고 알려주고 있습니다(벧후 1:3-7).

따라서 그동안 교회가 너무 결과적이고 외적인 성장 위주의 요소에 집착하여 집단화되었다면, 이제는 개개인에게 눈을 돌려 그들의 영혼을 깨우쳐 일상까지도 성결하게 하는 일에 집중해야 한다고 생각합니다. 교회는 단지 종교적으로 '예배하는 교회'일 뿐만 아니라 양육과 돌봄 중심의 '어머니로서의 교회'도 되어야 하기 때문입니다. 그러므로 지금껏 교회가 종교적인 조급함으로 교인에게 직분을 나눠줬다면, 이제는 시간이 걸리더라도 충분히 말씀과 성령 안에서 양육하고 검증까지 하는 교회가 되어야 합니다. 그래서 그저 주어진 호칭에 만족하거나 자신의 목소리를 높이는 명목상 그리스도인을 만들어 낼 것이 아니라 성령의 은사와 열매로 건강한 교회를 세우며, 목사의 목회를 돕는 집사가 되며(행 6:2-4), 그들이 또다시 다른 건강한 집사를 재양육(Re-parenting)할 수 있는 역할을 감당할 수 있어야 합니다.

저는 이러한 목회적 관심과 책임을 가지고 건강한 집사를 세우고자 이 교재를 만들게 되었습니다. 왜냐하면 교회는 사람들을 위한 사교나 이익을 추구하는 집단이 아니라 그리스도의 다시 오심을 기다리고, 예배하며, 하나님의 나라를 이 땅에 실현하는 그리스도의 몸 된 신앙공동체이기 때문입니다.

부디 성령님께서 교인 개개인의 영성과 지성과 인성의 성숙을 위해 성령의 은사와 성령의 열매를 풍성하게 주시기를 진심으로 바랍니다. 그리고 교회는 열심히 모여 기도하고, 흩어져 전도함으로써 교회를 향한 성령님의 사역에 적극적으로 협력할 수 있기를 소망합니다. 그래서 작은 파도에 이리저리 흔들리는 돛단배, 먹고 마시기 위해 화려하고 예뻐야 하는 유람선이 아니라 회개와 순종의 땀 냄새가 짙게 배어있는 복음의 방주가 되어 사람을 살리는 교회가 될 수 있기를 앙망합니다.

송대종 목사

목차

머리말 _ 2

핵심 요약　　　　　　　　　　　　　　　　　　7

들어가기
　1. 건강한 교회란?　　　　　　　　　　　　　8
　2. 양육의 목적　　　　　　　　　　　　　　　9
　3. 양육 4단계 소개　　　　　　　　　　　　10
　4. 어떤 결과를 기대해야 하는가?　　　　　11

제1단계: 가르침
　1. 누가 가르침을 받을 수 있는가?　　　　14
　2. 가르침을 받는 목표는 무엇인가?　　　15
　3. 반드시 기도하기　　　　　　　　　　　　18
　4. 무엇을 배워야 하는가?　　　　　　　　　19

◈ 제1단계 부록
　1. 교회 구조 진단하기　　　　　　　　　　20
　2. 교회　　　　　　　　　　　　　　　　　　21
　3. 성령님의 교회 사역　　　　　　　　　　25
　4. 성령의 은사　　　　　　　　　　　　　　32
　5. 성령의 열매　　　　　　　　　　　　　　43
　6. 집사　　　　　　　　　　　　　　　　　　51
　7. 결론　　　　　　　　　　　　　　　　　　61

제2단계: 성령의 은사 발견하기

1. 왜 신앙을 점검받아야 하는가? 65
2. 신앙생활 점검하기 68
3. 은사 발견을 위한 설문 73

◈ 제2단계 부록

1. 은사 설문조사 해설 78
2. 은사 발견 데이터 도출 방법 86
3. 나의 은사 발견 데이터 86
4. 은사 발견 그래프 예시 87
5. 나의 은사 그래프 88
6. 은사 그래프 배치 방법과 해설 Tip 88

제3단계: 성령의 열매 나누기

1. 소그룹을 만들자 93
2. 무엇보다 성령 충만을 간구하자 93
3. 모여 예배하고, 은사와 열매를 나누자 94
4. 상승작용(synergy)을 도모하자 94
5. 성령의 열매를 서로 확인하자 95
6. 시시때때로 담임 목사님으로부터 신앙 점검받기를 구하자 95

◈ 제3단계 부록

1. 소모임 인도 96
2. 소모임 진행 샘플 99
3. 소모임 가이드 100

제4단계: 집사 세우기

1. Feedback 104
2. 집사로 세우기 107

맺는말 _ 108

핵심요약

1. 이 교재는 건강한 집사를 양육하여 건강한 교회를 세우기 위한 목적으로 쓰인 가이드북입니다.

2. 성령의 은사는 내가 성령님으로부터 받은 은혜를 상대방에게 나누는 행위이자 내용입니다.

3. 성령의 열매는 성령 충만의 증거로서 반드시 그의 인격에서 나타나게 됩니다.

4. 성경을 알면 알수록 가장 큰 성령의 은사는 사랑이고, 가장 큰 성령의 열매도 역시 사랑임을 깨닫게 됩니다.

5. 결국 개인과 교회의 신앙생활에 믿음과 소망과 사랑, 이 세 가지가 반드시 있어야 하는데, 그중에서도 제일은 사랑입니다.

6. 반면 마귀의 은사는 전적으로 개인을 위한 교만이며, 그의 열매는 언제나 불평과 원망으로 나타납니다.

7. 집사는 성령과 지혜가 충만하여 하나님뿐만 아니라 사람에게도 칭찬받는 자여야 하며, 담임목사의 목회를 돕기 위해 교회에 반드시 필요하다는 성경적인 원칙이 있어야 합니다.

8. 집사는 성령의 은사와 열매로 교인의 신앙을 격려하고 지켜주고 점검해주는 등의 사역을 함으로 교회에 덕을 끼치고 유익을 가져다줍니다.

9. 그렇게 교회는 집사에 의해 건강하게 세워집니다.

10. "사랑을 추구하라"(고전 14:1).

들어가기

옥한흠(1938-2010)

첫 번째 종교 개혁이 성직자의 손에 독점적으로 남아 있던 하나님의 말씀을
교인들의 손에 넘겨준 것이라면,
두 번째의 개혁은 성직자의 손에 독점적으로 남아 있는 시역을 빼앗아
교인들의 손에 넘겨주는 것이다.

1. 건강한 교회란?

교회란 하나님으로부터 부르심을 받은 예수 그리스도를 믿는 자들의 모임, 즉 신앙 공동체입니다. 그렇다면 건강한 교회란 어떤 모습일까요? 어쩌면 막연한 질문 같지만 성경은 분명한 답을 우리에게 가르쳐줍니다. 그것은 성령의 역사하심이 충만하게 드러나는 교회입니다. 더욱 구체적으로는 성령의 은사와 성령의 열매가 충만한 교회입니다.

한편 성령의 은사와 성령의 열매는 서로 불가분의 관계에 있습니다. 왜냐하면 주시는 이는 오직 성령님이시고, 받는 이는 오직 교회입니다. 그리고 그 목적은 은사와 열매로 서로에게 덕을 세우고 유익을 끼쳐 교회를 건강하게 세우는 것이기 때문입니다. 즉 성령의 은사는 교회 안에서 교인이 활동하는 내용이 되고, 성령의 열매는 은사로 활동하는 그 교인의 인격으로 나타납니다. 이렇게 성령님은 당신의 교회에 은사와 열매를 주심으로 교인을 교인답게, 교회를 교회답게 만들어 가십니다.

그러나 오늘날 적지 않은 교회가 성령님의 이러한 성경적인 순리를 무시하고 있습니다. 교인들은 그저 때가 되어(?) 직분을 받으며, 행정적인 필요에 따라 순종이라는 미명하에 교회 사역에 뛰어들고 있습니다. 아무런 은사와 열매의 검증 없이 말입니다. 그뿐만 아니라 무질서한 은사의 남용과 거짓된 은사가 교회 곳곳의 질서와 전통을 훼손하고 있습니다. 따라서 교회를 건강하게 세우기 위해, 그리고 제도적으로가 아니라 성령으로 말미암는 온전한 집사를 세우기 위해 성령의 은사와 성령의 열매를 궁구하여 실천하는 양육을 해야 합니다.

2. 양육 목적

오늘날 교회의 교회성을 해치는 주된 요소는 무질서한 은사주의라고 단언할 수 있습니다. 무질서한 은사주의란 단순히 신비한 체험만을 추구하는 것뿐만이 아니라 신앙생활의 모든 기준이 성경의 말씀이 아닌 자신의 개인적인 지식과 경험에 기대는 것을 말합니다. 그렇기 때문에 이들은 자신이 말씀에서 벗어났다는 생각은 하지 못한 채 늘 자신의 소견에 옳은 대로만 행하며, 종교적 카타르시스와 자기만족을 채워주지 못하는 목회자의 양육과 돌봄은 가볍게 여기거나 거절합니다. 그뿐만 아니라 주변에게도 자신의 은사주의적 지식과 경험을 전파하면서 목회적 질서와 전통을 해칩니다. 이와 같은 은사주의는 오늘날 교회에 너무나도 익숙하게 팽배해 있어서 교회의 교회성을 해치고 있습니다.

따라서 우리는 성령의 은사와 열매에 대해 성경이 말씀하시는 것이 무엇인지를 정확하게 알아야 합니다. 그래야 건강한 신앙과 교회를 세울 수 있을 뿐만 아니라 자신도 모르게 은밀히 올라오는 영적 교만을 억제할 수 있고, 주변의 무질서한 은사주의자들의 말과 행동을 분별하고 걸러낼 수 있기 때문입니다. 동시에 오직 말씀으로 양육 받은 교인만이 성경이 말하는 온전한 집사의 직분을 감당하며 성령의 은사를 활용하고, 교회에 유익과 덕을 세우고, 성령의 열매를 더욱 풍성하게 맺으며 건강한 교회를 세울 수 있기 때문입니다.

3. 양육 4단계 소개

(1) 제1단계: 가르침

1단계에서는 먼저 왜 양육을 받아야 하는지에 대한 이유를 깨닫고, 과연 성경이 말하는 성령의 은사와 열매가 무엇인지를 살피게 될 것입니다. 따라서 우리는 1단계에서 가장 많은 에너지와 시간을 투자하며 영적 씨름을 하게 될 것입니다. 그렇다면 교인은 자신을 위해 말씀으로 지도하는 목사를 사랑하고, 신뢰하며, 그를 위해 기도해야 합니다. 그리고 모든 과정을 전인격적인 훈련의 기회로 삼아야 합니다. 분명히 나태해지는 한두 번의 고비가 있을 것이지만 결석하거나 중도 하차해서는 안 됩니다. 그리고 언제나 마지막은 진심 어린 기도로 마무리할 수 있어야 합니다. 진리를 깨닫게 하고, 진리로 살아갈 수 있게 하시는 분은 분명히 성령님이시기 때문입니다.

(2) 제2단계: 신앙 점검하고 은사 발견하기

1단계에서 성령의 은사와 열매의 이해를 성경적으로 정확하게 갖게 된 우리는 성령님께서 교회를 건강한 교회로 세우기 위해 각자에게 이미 은사와 열매를 나눠주셨다는 사실을 알게 될 것입니다. 이와 같은 사실을 발견하고 활용하기 위해 우선적으로 '개인 신앙점검'과 '은사 발견 설문조사'가 필요합니다.

(3) 제3단계: 은사와 열매 나누기

역사적으로 모든 건강한 교회는 어떤 진지한 이론가가 아니라 신실한 소수 평신도의 순종과 헌신에 의해서 세워졌음을 기억하면서 제2단계에서 얻은 데이터를 토대로 임상훈련을 가져보고자 합니다. 이를 위해 3-4명의 소그룹을 만드는 것이 필요합니다. 그래서 교인들이 각자의 발견된 은사와 열매를 실험적으로, 그리고 적극적으로 활용해 볼 수 있었으면 합니다.

그 과정에서 은사는 더욱 개발되거나 또 다른 은사가 새롭게 발견될 것입니다.

반면에 자신도 모르는 사이에 잠재되었던 무질서하고 거짓된 은사주의적인 것들이 드러날 수도 있을 것입니다. 혹시라도 그렇다면 감추거나 합리화시키려 하지 말고, 즉시 회개하고 말씀으로 돌아갈 수 있어야 합니다. 이것은 무척이나 중요합니다. 왜냐하면 회개는 분명 성령님의 일이고, 그 역사를 통해 성령의 열매가 나오기 때문입니다.

(4) 제4단계: 집사 세우기

3단계 후, 교회는 양육 받은 교인을 집사로 세워 공식적인 사역을 감당할 수 있도록 해야 합니다. 그리고 집사는 무엇보다 은사와 열매를 기반으로 성령을 의지해서 성령 충만을 잃지 않도록 힘써야 합니다.

4. 어떤 결과를 기대해야 하나?

양육의 목적은 단지 수료증을 받아내는 것이 아닙니다. 지식을 채움도 아닙니다. 특히 은사 그 자체가 목적이 되어서도 안 됩니다. 인격에서 성령의 열매를 맺는 것이 중요합니다. 그렇게 온전한 그리스도인으로서의 성숙이 날마다 점증적으로 이뤄져야 합니다. 그러므로 우리는 교회 안에서 장로, 권사, 집사 등의 호칭을 가지고 '어떻게 불리느냐?'보다는 '무엇을, 어떻게 하고 있느냐?'라고 하는 직분의 본질에 중점을 둬야 합니다.

제1단계

가르침

제1단계 　가르침

마틴 루터(1483-1546)
여기에 나는 서 있다. 이것만이 내가 할 수 있는 것이니까.

　사도 바울은 자신의 목회적 가치의 핵심을 '가르침'에 두고, 온 힘을 다해 교인을 가르쳤습니다(골 1:28-29). 왜냐하면 교인은 오직 가르침을 통해서 진리를 알 수 있고, 진리를 알아갈 때에만 비로소 건강한 신앙을 가질 수 있기 때문입니다(요 5:39).

1. 누가 가르침을 받을 수 있나?

　교회는 약 2,000년 전, 예수님의 120명의 제자들이 오순절에 한 장소에 모여 예수님께서 약속하신 성령님을 기다리며 기도할 때에 탄생했습니다. 그때 성령께서는 온 집에 충만하게 임재하셨고, 기도하던 각 사람에게 불과 같은 형상으로 내주하심으로 공적교회가 되게 하셨습니다. 이 같은 사건은 이미 요엘 선지자가 예언한 것으로 성령을 받을 대상은 남녀노소와 신분에 제한이 없는 예수를 믿는 모든 자들이었습니다(욜 2:28-29). 그러므로 건강한 교회를 세우기 위한 목적을 위하여 집사로 세워야 할 대상에는 그 어떤 제한이 있을 수 없습니다.
　그러나 한편 예수님은 가르치는 대상을 마구잡이로 선택하지 않으셨다는 사실에 주목해야 합니다. 왜냐하면 누구든지 가르침을 받을 수 있지만 아무나 가르칠 수 없기 때문이었습니다 (요 9:36). 따라서 예수님은 전략적으로 제자들을 선택하셨습니다. 일단 그들은 심령이 가난한 사람들이었고, 자신이 죄인임을 인정함에서 비롯되는 영적인 갈급함에 사무쳤던 사람들이었습니다. 그들은 하나님의 나라와 의를 위해 쓰임 받고 싶은 마음이 기본적으로 있는 사람들이었습니다. 특히 간사한 마음이 없는 사람들이었습니다(요 1:47).

다시 말해 예수님은 교만하고, 거짓말하며, 이중적으로 계산하는 사람들은 가르침에서 배제하셨습니다. 왜냐하면 아무리 정성껏 설명을 해도 알아듣지 않으려는 태세를 갖춘 사람들에게 가르침은 무의미하기 때문입니다. 또 자신의 지식과 경험을 성경 말씀보다 우선순위로 여기고 '이미 다 안다'는 식으로 듣지 않으려 하는 교만한 자들도 마찬가지입니다. 그러므로 오직 믿고자 하는 수용성이 있는 자들, 겸손한 자들, 말씀 앞에서 자신의 모든 견고한 진을 내려놓을 수 있는 자들이 가르침을 받는 자리에 끝까지 남아 있을 수 있습니다(고후 10:4). 결국 가르침을 받는다는 것을 선택사항 정도로 여기는 것이 아니라 참된 그리스도인으로서의 삶을 살고자 기를 쓰고 가르침의 자리로 모이는 자들이 그 대상이 되어야 합니다.

2. 가르침을 받는 목표는 무엇인가?

성경이 단지 개인의 영적 호기심을 충족시켜주기 위한 도구로 사용되는 것만큼 교회에 위험한 일은 없습니다. 예수님의 성품을 닮아감이 없는 지식은 반드시 교만으로 변질되고, 그 교만은 그를 반드시 위선과 독선으로 가득 찬 율법주의자로 변개시키기 때문입니다. 그러므로 예수를 믿는 자의 믿음이 참이냐 거짓이냐를 가늠케 하는 유일한 척도는 오직 그의 인격이 예수님의 성품으로 변화되어 가고 있느냐에 대한 여부입니다. 결국 예수님의 성품을 닮은 참된 그리스도인들, 즉 성령의 열매를 맺는 교인들이 공동체에 많이 생겨날수록 그만큼 교회는 건강하게 세워지게 되는 것입니다. 우리는 이러한 목적을 달성하기 위해 다음과 같은 구체적인 목표를 정하고 최선을 다해 날마다 기도하고 실천하고 점검해야 합니다.

(1) 믿음의 확신

우선 '예수님을 믿는다'는 것에 대한 확실한 정의를 가져야 합니다. 그것은 내가 내 인생의 주인이 되어 내 마음대로 살았던 나를 회개하고, 예수님을 내 삶의 주인으로 영접하는 것을 의미합니다(요 1:12). 다시 말해 예수님을 '믿는다'는 것은 단순히 지식적 동의나 감정적이고 일회적인 합의가 아닌 예수님께서 나를 구원하심으로 하나님의 자녀가 되었으니 그의 신분에 맞는 의식과 행위를 갖는 것입니다. 즉 예수님이 하라는 것을 하고, 예수님이 거부했던 것을 거부할 때 억지나 시늉이 아닌 기쁨과 감사로 하는 것입니다. 비록 어색하여 애쓸지라도 말입니다. 이와 같은 믿음은 오직 물과 성령으로 말미암는 거듭남을 통해서만 갖게 됩니다.

이를 위해 다음의 질문에 진솔하게 답해보시길 바랍니다.

Q 예수님을 영접하지 않고 살았던 지난날이 죄인 된 삶이었던 것이 진심으로 인정됩니까?

Q 죄인 된 옛사람을 예수님의 십자가 앞에서 진심으로 회개하였습니까?

Q 그렇게 당신은 물과 성령으로 거듭났습니까?

반드시 거듭나야만 합니다.

예수님은 "죄에 대하여라 함은 그들이 나를 믿지 아니함이요"(요 16:9)라고 말씀하셨습니다. 즉 죄란 예수님을 나의 구주로 영접하지 않는 것입니다. "볼지어다 내가 문밖에 서서 두드리노니 누구든지 내 음성을 듣고 문을 열면 내가 그에게로 들어가 그와 더불어 먹고 그는 나와 더불어 먹으리라"(계 3:20)고 말씀하신 예수님이 지금 당장 당신이 온전히 회개하고 죄 사함을 받아 예수님을 당신의 삶의 주인으로 영접하기를 바라고 계십니다. 그러므로 "만일 우리가 우리 죄를 자백하면 그는 미쁘시고 의로우사 우리 죄를 사하시며 우리를 모든 불의에서 깨끗하게 하실 것이요"(요일 1:9)라고 하셨으니, 그동안 예수를 내 삶의 주인으로 모시지 않고 내 마음대로 살았던 내가 죄인인 것을 진심으로 인정하고, 회개하면 예수님은 죄 사함을 주시고 구원해 주실 것입니다. "진실로 진실로 네게 이르노니 사람이 물과 성령으로 나지 아니하면 하나님의 나라에 들어갈 수 없느니라"(요 3:5)고 말씀하신 예수님께 나아가 구원받고자 하는 결단을 가져야 합니다.

(2) 변화된 인격

믿음은 무엇에 담겨질까요? 인격이라는 그릇에 담겨집니다. 우리의 믿음은 어떻게 겉으로 드러날까요? 인격을 통해 드러납니다. 인격은 그 사람의 정체성이며, 그 사람 그 자체입니다. 예수님의 핵심적인 가르침이라 할 수 있는 마태복음 5-7장의 산상수훈은 예수님 자신의 인격에 관한 것이었습니다. 따라서 '예수님을 믿는다'라는 것은 그를 영접하므로 결국 나의 인격까지도 그분의 것으로 차츰 바뀌는 것을 의미합니다.

야고보가 "네가 하나님은 한 분이신 줄을 믿느냐? 잘하는도다. 귀신도 믿고 떠느니라"(약 2:19)고 책망한 이유는 예수님의 인격으로 변화됨이 없이 그저 얄팍한 지식만 쌓는 자들의 교만함을 보았기 때문이었습니다.

베드로도 역시 "믿음의 결국 곧 영혼의 구원을 받음이라"(벧전 1:9)고 말한 것도 같은 이유에서입니다. 결국 예수 그리스도를 영접함으로 거듭났습니까? 그렇다면 예수님의 성품으로 거듭난 것입니다. 구원받은 사람은 반드시 구원받은 자로서의 말과 행동을 하게 되어 있습니다.

(3) 변화된 일상

예수님은 "내가 진실로 진실로 너희에게 이르노니 나를 믿는 자는 내가 하는 일을 그도 할 것이요. 그보다 큰일도 하리니, 이는 내가 아버지께로 감이라"(요 14:12)고 말씀하셨습니다. 즉 우리가 예수님을 닮아간다는 것은 우리의 인격이 예수님처럼 성결해지는 것을 의미합니다(마 5:48). 그리고 그 인격은 반드시 삶으로 이어집니다. 예수님은 말씀으로 시험을 이기셨고(마 4:10-11), 새벽에 기도하셨고(막 1:35), 기도하실 때 금식하셨습니다(마 4:2). 보여주기 식으로 행동하지 않으셨고(마 6:8), 청빈하셨고(눅 9:58), 무슨 일이든 기도 후에 결정하셨습니다(눅 6:12). 또한 하나님께 복종하셨고(요 5:18-37), 겸손하셨고(마 11:29), 순종하셨고(눅 22:41-42), 자기를 희생하셨습니다(히 10:9-10). 예수님은 공부하셨고(눅 2:41-52), 온전한 교제를 하셨고(눅 7:34), 불의에 대해 용감하셨고(막 10:32), 죄를 미워하셨고(요 8:34), 무엇보다 예배를 소중히 여기셨습니다(요 4:21-24).

하지만 분명한 것은 이와 같은 성결을 결코 억지가 아닌 기쁨과 감사로 하셨다는 것입니다. 즉 성결은 말로 떠듦이나 억지로 흉내 냄이 아닌 거듭난 인격으로 말미암은 변화된 일상입니다. 이 성결을 위해 예수님은 제자들과 함께 사셨습니다. 그리고 예수님은 오늘 우리에게도 마찬가지로 성령님으로 함께하십니다. 그러므로 우리는 성령님을 의지하며 예수님의 성결한 삶을 기쁨과 감사로 영위할 수 있습니다.

> "보혜사 곧 아버지께서 내 이름으로 보내실 성령 그가 너희에게 모든 것을 가르치고 내가 너희에게 말한 모든 것을 생각나게 하리라"(요 14:26).

(4) 변화된 섬김

히브리서 기자는 "하나님은 불의하지 아니하사 너희 행위와 그의 이름을 위하여 나타낸 사랑으로 이미 성도를 섬긴 것과 이제도 섬기고 있는 것을 잊어버리지 아니하시느니라"(히 6:10)고 예수님의 섬김을 증거합니다. 즉 하나님의 본체이신 예수님은 스스로 섬기기 위해 세상에 오셨고, 실제 종의 삶을 사셨습니다. 그리고 그분의 모든 섬김은 사랑과 희생으로 나타났습니다. 그렇게 예수님은 오늘도 성령으로 교회를 통해 자신의 섬기는 사역을 계속 이어가고 계십니다. 그렇다면 이제 우리는 교회 안에서 과연 섬길 것인지, 아니면 섬김을 받기만 할 것인지를 놓고 선택해야 합니다.

3. 반드시 기도하기

1단계의 과정은 전체에서 가장 중요합니다. 그래서 많은 시간과 집중력을 필요로 합니다. 왜냐하면 선지식과 선입견으로 무장된 나의 견고한 진을 완전히 깨뜨리는 작업은 매우 어렵기 때문입니다(고후 10:4-5). 이 과정에서 우리는 때때로 쉽게 변하지 않는 나 자신을 발견하게 될 것입니다. 그래서 쉽게 좌절하고 죄책감에 빠지기도 할 것입니다. 또 몇 번이고 관두고 싶은 생각도 들 것입니다.

그렇기 때문에 반드시 말씀을 붙잡고 기도해야 합니다(막 9:29). 나를 변화시키는 힘, 나를 시험으로부터 이기게 하시는 능력은 분명히 성령님으로부터 나오기 때문입니다(고후 4:6-7). 보혜사 성령께서 양육 받는 우리에게 그리스도의 마음과 지혜를 가득 채워주시도록, 그래서 예수 그리스도의 형상으로 우리의 인격을 변화시켜 주셔서 하나님의 나라를 경험하는 그리스도인이 되도록 간구합시다.

4. 무엇을 배워야 하나?

성령의 은사와 열매로 건강한 집사를 세우기 위해 우리는 먼저 교회에 대해 알아야 합니다. 과연 교회란 무엇인지, 바울은 왜 교회를 그리스도의 몸이라고 했는지, 그래서 교회는 무슨 일을 해야 하는지, 성령이 교회에 하시는 일은 무엇인지. 또한 직분이란 무엇이며, 나는 교회에서 어떤 위치에 있고, 무슨 일을 어떻게 해야 하는지에 대해 알아봅시다. 그리고 성령의 은사와 열매에 대해서도 알아봅시다. 그렇게 교회에 관련하여 분산된 지식과 지혜를 하나로 모아 더욱 연합하고 일치하여 건강한 교회를 세워가는 전력을 키웁시다.

☞ 이제 제1단계 부록으로 가서 교회, 직분, 은사, 열매에 대해 알아봅시다.

제1단계 부록

1. 교회 구조 진단하기

초대교회는 본래 수평적 구조였습니다. 수평적이라 함은 성령님이 중심이 되어 교인들로 하여금 다양하고 활발하게, 그리고 차별 없이 역사하시는 형태입니다. 그러나 수직적 구조는 인간이 중심이 되어 제도화된 형태로서, 가톨릭 교회가 대표적입니다. 가톨릭은 현재도 교황 및 주교단으로 구성된 '가르치는 교회'(Ecclesia)와 그 권위에 결코 참여하지 못하는 소위 평신도의 구성인 '듣는 교회'(Ecclesia Discens)로 철저하게 나뉘어 운영됩니다. 따라서 주교단의 가르침이 비록 비성경적이고 비상식적일지라도 평신도는 명령으로 받들어야만 합니다.

이런 구조는 많은 종교적 남용을 일으켰고, 결국 16-17세기 종교개혁의 핵심 대상이 되었습니다. 하지만 아이러니하게도 오늘날 개신교가 가톨릭과 같은 수직적 구조와 같은 형태의 '인도자'(leader)와 '모방자'(follower)로 양분되어 있습니다. 게다가 검증되지 않은 신앙과 인격을 가진 자들이 집사가 되어 사실상 가톨릭보다 못한 종교적 남용의 병폐를 안고 있는 것이 오늘날 개신교 교회의 현실입니다. 따라서 한번쯤은 자신과 자신이 속한 교회를 다음과 같이 진단해봐야 합니다.

- ◆ 과연 나는 교회에서 수동적으로 누군가가 시키는 대로만 움직이고 있지는 않은가?
- ◆ 예배를 드리러 나오는 것 외에 교회를 위해 무엇을 해야 할지 모르고 있지는 않은가?
- ◆ 나의 기억에 스스로 교회를 위해 헌신했던 일이 구체적으로 떠오르지 않고, 목사님의 목회를 어떤 식으로 도와야 할지, 건강한 교회를 세우기 위해 어떤 노력을 해야 할지 고민해 본 일이 없지는 않은가?
- ◆ 설령 고민은 있으나 교회 내에 실행할 조직과 계획이 없는 것은 아닌가?
- ◆ 나는 교회에서 어떤 위치에서 어떤 역할을 감당하고 있는지가 애매모호한 것은 아닌가?

만약 그렇다면 당신과 교회는 어쩌면 가톨릭과 같은 수직적인 구조에 있다 할 수 있습니다. 하지만 그렇다고 해서 염려할 필요는 없습니다. 지금부터 차근차근 바꿔나가면 됩니다. 정작 불행한 것은 이러한 교회 구조에 대한 인식과 관심도 없고, 그저 현재에 머물러 도무지 변하고 싶은 마음 자체가 없다는 것입니다. 이 양육을 통해 성령께서 마음껏 역사하시는 수평적 구조의 교회가 될 수 있기를 바랍니다.

이를 위해 이제부터 교회란 무엇이고, 교회를 위한 성령님의 사역은 무엇이며, 그 사역은 어떻게 구체화되는지, 그래서 종합적으로 집사는 교회 안에서 무엇을 해야 하는지에 대해 살펴봅시다.

2. 교회

사도 바울은 교회를 구성하는 모든 교인을 '그리스도의 몸'이라고 진술했습니다. 왜냐하면 교회(敎會, Ecclesia)란 '하나님께서 부르신 자들의 모임'으로써 예수 그리스도를 믿고 따르는 신앙 공동체이기 때문입니다. 그리고 교회가 교회 되기까지 모든 과정에 성령님의 역사하심이 충만하게 있습니다. 다시 말해 성령님은 한 사람 한 사람을 예수 믿는 자로 거듭나게 하시고, 믿는 자 한 사람 한 사람을 교회 공동체로 불러 모으시고, 그 공동체가 한 믿음으로 온전히 연합할 수 있도록 성령의 은사와 열매를 주시어 건강한 그리스도의 몸이 되도록 만들어 가십니다. 따라서 교회는 오직 성령님 안에서 존재합니다. 그러므로 성령님의 역사하심이 없는 교회는 죽은 몸이나 마찬가지입니다.

그렇다면 이제부터 성령과 교회의 관계는 무엇이고, 성령께서 어떻게 교회를 교회 되게 하시며, 교회는 성령 안에서 무슨 일을 해야 하는지에 대해 구체적으로 살펴보도록 하겠습니다.

(1) 하나님이 자기 아들의 피로 사신 교회(행 20:28)

하나님이 크실까요? 교회가 클까요? 당연히 하나님이 크십니다. 그는 온 우주 만물을 창조하신 하나님이시기 때문입니다. 그러므로 그는 교회 밖에서도 충만하십니다. 하지만 그 하나님이 교회를 자기 아들의 생명과 바꾸셨습니다. 다시 말해 하나님이 그리스도의 십자가를 통해서 얻으신 것이 교회인 것입니다. 그러므로 교회는 하나님의 모든 것입니다. 그렇게 하나님은 오순절에 성령님으로 말미암아 교회를 세상에 공식적으로 내놓으셨고, 오늘날까지 성령님으로 돌보고 계십니다. 그리고 성령님께서 하시는 모든 일의 방향과 목적은 오직 교회에 모두 맞춰져 있는 것입니다. 이처럼 성령님과 교회는 불가분의 관계에서 서로를 위해 존재합니다.

오늘날 대부분의 교인들은 이와 같은 기초적인 교회론(Ecclesiology)을 가지고 있지 못합니다. 다시 말해 '내가 다니는 교회'는 있을지라도 '내가 사랑하고 책임지는 교회'는 별로 없는 것입니다. 이론적인 것은 많이 배워서 듣는 귀는 발달했을지 몰라도 교회를 사랑하고, 교회에 충성하며, 교회 중심의 삶을 사는 교인들은 날로 급격히 줄어들고 있습니다. 사도행전 2장 44-47절과 같은 교회의 교회다움은 사라지고, 그저 이기적인 신앙관을 가지고 교회라는 무대에서 엘리트주의와 성공주의만을 목적으로 종교생활을 즐기고 있을 뿐입니다. 그러나 예수 그리스도의 십자가의 하이라이트는 교회이듯, 믿는 자들의 신앙과 삶의 중심은 언제나 교회가 되어야 함은 불변의 진리입니다.

교회 중심의 삶

어떤 교인은 자신의 사업이나 취미생활을 위해 교회를 찾아다니기도 하고, 자녀들의 공부와 진로에 맞는 교회를 찾아 이리저리 옮겨 다니기도 합니다. 또 어떤 교인은 습관적으로 교회를 끊거나 바꿉니다. 반면 교회를 위해 직장을 바꾸는 교인도 있습니다. 교회를 위해 자녀들의 학원 스케줄을 취소하는 교인도 있습니다. 비록 멀리 이사를 갔을지라도 자신이 다니던 교회에서 주일성수하고 싶어서 2~3시간 동안 버스를 타고 오는 교인들도 있습니다. 그래서 어떤 사람들은 자신이 이 땅에 사는 이유가 돈이고 자식이고 성공이라지만, 어떤 사람들은 교회라고 말하며 자녀들에게도 그렇게 가르칩니다.

민수기 9장 15-23절은 이스라엘 백성들이 광야 40년 동안 성막 중심의 삶을 어떤 식으로 살아야 했는지를 자세히 보여줍니다. 그리고 스데반 집사는 그 광야를 교회라고 설교하며, 교회는 결코 자신의 만족을 채우기 위한 도구나 액세서리 정도로 생각할 만큼 가벼운 것이 아니라 하나님의 전부이며, 그리스도의 몸이라는 사실을 증거합니다(행 7:38).

우리는 어떤 이의 믿음이 좋고 나쁨을 섣불리 판단할 수 없습니다. 하지만 교회에 대해 어떤 인식을 가지고 어떻게 대하느냐는 그의 믿음의 옳고 그름을 비교적 정확하게 판가름할 수 있는 기준입니다.

(2) 세상과 구별된 성결한 교회

　로마제국이 초대교회를 박해했던 가장 큰 원인은 교회가 다른 종교와 달리 황제 숭배를 거부했기 때문이었습니다. 오직 유일하신 하나님과 그리스도이신 예수를 믿는 믿음을 지키기 위해 그리스도인들은 콜로세움에서 맹수들의 밥이 되기도 했으며, 로마의 길거리에서 재판 없이 참수형을 당하기도 했습니다. 결국 A.D. 70년, 예루살렘은 로마의 티투스 장군에 의해 완전히 멸망당하는 뼈아픈 수모를 당함에도 불구하고 교회는 자신들의 믿음을 끝까지 포기하지 않았습니다.

　하지만 로마의 핍박이 그칠 줄 모르고 더욱 심화되면서 열두 사도들과 일곱 집사들이 순교하거나 옥에 갇히게 되자 교회의 지도력에 점차 공백이 생겨나기 시작했습니다. 게다가 수많은 이단의 미혹으로 배교하는 일이 많아짐에 따라 교회는 큰 위기에 직면하게 되었습니다. 결국 교회는 대응의 틀로써 교회 공동체를 '제도화'시키기 시작했습니다. 그래서 보다 안정적인 예전 의식을 진행하려고 했고, 뿔뿔이 흩어진 공동체를 하나로 묶으려고 했습니다. 그러다 보니 교회는 점차 제도화 정형화되었고, 결국 로마 가톨릭 교회 구조의 기초가 되고 말았습니다.

　이와 같이 교회가 제도화되는 과정은 당시 로마로부터 오는 핍박의 역사에 따른 불가피한 대응이었습니다. 그러므로 이와 같은 교회 역사의 옳고 그름을 따지는 것은 무의미합니다. 다만 점차적으로 두 가지의 중요한 교회 사역이 훼방되었음을 인정하지 않을 수 없습니다. 첫째는 정형화된 교회 구조의 편리함에 익숙해진 목회자는 본래 자신의 고유 사역이었던 말씀을 선포하고, 가르치고, 기도하는 사역을 소홀히 하기 시작했다는 것입니다. 왜냐하면 시스템만으로도 교회 운영은 충분했기 때문입니다.

　둘째, 서열화 또는 계급화된 교회 구조에 갇힌 교인들이 그리스도의 사역에 능동적으로 참여하지 못하게 되었다는 것입니다. 이러한 최소한의 이유로 교회를 위해 역사하시는 성령의 운신의 폭은 점차 좁아질 수밖에 없게 되었습니다.

　사도 바울은 이런 제도화된 교회의 부작용을 충분히 알고 있었습니다. 그 대표적인 예가 분열되고, 정치화되고, 세속화되고, 이단에 물든 고린도 교회였습니다. 그러나 바울은 교회가 제도화되는 흐름을 막지 않았습니다. 그것도 하나님의 섭리였음을 인정했기 때문입니다. 다만 바울은 교회 구조가 환경과 상황에 따라 유연하게 적응해야 하지만, 그리스도의 사역만큼은 제도가 아닌 오직 성령의 능력으로 감당해야 할 것을 당부했습니다. 왜냐하면 교회는 세상에 속해 있지만 동시에 세상과 구별되는 성결함을 가져야 하고, 그것을 가능케 하시는 분은 오직 성령님이시기 때문입니다. 사실 바울이 교회들에게 보낸 모든 편지들의 내용은 성령님에 의한 교회의 성결을 말하고 있습니다. 베드로, 요한, 야고보도 마찬가지로 교회 목회자들에게 성령을 의지하는 성령 중심의 사역을 주문한 이유도 여기에 있습니다.

오늘날 우리도 바울과 초대 교회가 그러했던 것처럼 교회의 교회 됨을 잃지 않기 위해 노력해야 합니다. 교회가 세속의 물결에 휩쓸려가서는 안 되며, 또 그렇다고 세상으로부터 분리되고 고립되어서도 안 됩니다. 교회는 세상의 어둠 한가운데 있어야 하지만 성결의 빛으로 구별되어야 합니다. 그렇기 위해서 우선적으로 성령께서 교회 사역을 주도하실 수 있도록 모든 시선을 모아야 합니다.

(3) 그리스도의 사역을 위임받은 교회

교회는 존재론적으로 '그리스도의 몸'일 때, 예수님의 사역을 계속 이어가야 하는 의무와 책임을 가집니다. 예수님의 사역은 다음과 같이 크게 세 가지였습니다(마 4:23). 첫째, 예수님은 설교하셨습니다. 설교는 언제나 임박한 하나님 나라의 선포였고, 동시에 하나님의 독생하신 아들이신 예수 그리스도 자신에 대한 증언이었습니다. 그리고 그 내용은 언제나 하나님과의 관계를 회복하기 위한 회개를 촉구하는 것이었습니다.

둘째, 예수님은 가르치셨습니다. 가르침은 하나님 나라의 비밀을 깨닫고 예수님의 성품을 닮는 제자를 육성하기 위한 것이었습니다. 그렇게 예수님의 제자가 된 자들은 세상에 나가 다시 제자를 삼는 사명을 감당하였습니다.

셋째, 예수님은 치유하셨습니다. 치유는 하나님 나라와 그리스도의 주권적 통치가 인류의 역사 속에 직접적으로 임했다는 표적(Sign)으로써 사람들의 몸과 마음의 약함을 고치고 마귀의 권세를 물리치며 죄를 용서하는 종말론적 사역이었습니다(눅 4:18).

그리고 예수님은 이 세 가지의 사역을 오늘날 교회에 위임하셨습니다(마 28:19-20). 이와 같은 사실은 교회가 그리스도의 몸으로써 감당해야 할 사역이 얼마나 고귀하며 막중한 책임이 수반되는 것인지를 새삼 깨닫게 합니다.

정신 차려야 하는 교회

오늘날 교회는 예수님이 위임하지 않은 일에 오히려 더욱 열중하고 있는 모양새입니다. 다시 말해 교회가 정치 노름에 빠져 있고, 물질주의와 성공주의 안에서 서로 경쟁하고 있고, 오히려 세상보다 더 오락 놀이에 취해 있습니다. 그러다 보니 정작 교회 안에 복음을 모르는 교인이 허다합니다. 예수님의 십자가 앞에서 자아가 깨지고 거듭나지 못한 채 회개할 줄도 모르고 순종할 줄도 모르는 교인들이 넘쳐납니다. 그저 화려한 교회 간판과 그리스도인이라는 명찰만을 내세울 뿐입니다.

그러므로 교회에 오래 다녔다는 교인일수록, 화려하고 역사가 오랜 교회일수록 정신 차려야 합니다. 정신 차리고 다시 복음 앞에 서서 자신의 믿음을 점검해야 합니다. 그렇게 예수님이 하셨던 사역을 기꺼이 감당하고, 예수님이 하지 않으셨던 것을 하지 않고 거부할 줄 아는 충성을 회복해야 합니다.

3. 성령님의 교회 사역

예수님이 십자가를 통해 교회를 자신의 몸으로 삼으신 이후, 성령님의 사역은 온전히 교회에 집중되었습니다(행 20:28). 오늘날도 성령님은 교회를 온전히 세우기 위해 자신의 모든 사역을 교회에 쏟고 계십니다. 이와 같은 성령님의 교회 사역은 다음과 같습니다.

(1) 성령님은 예수님의 지상 명령을 실행하기 위해 교회를 세우신다

예수님은 자신이 떠나고 성령님이 오시는 것이 더 유익이라고 제자들에게 알리셨습니다(요 16:7). 그리고 예수님이 하나님 우편으로 승천하신 후, 오순절에 제자들이 모여 기도하는 곳에 약속대로 성령님이 강림하셨습니다. 그때 모인 제자들은 모두 성령의 충만하심을 받아 각자 다른 지역의 방언으로 그리스도의 복음을 전파했고, 그곳에 교회가 세워졌습니다. 즉 성령님은 예수님의 '지상 명령'(마 28:19-20)에 따라 제자들로 하여금 교회를 탄생시키셨고, 그 교회로 하여금 복음을 열방으로 전파하게 하여 다시 제자를 삼게 하셨습니다(행 2:4).

오늘날도 마찬가지입니다. 성령님은 오직 교회만을 그리스도의 사역을 이어가시는 매개체로 삼아 일하십니다. 그렇기 때문에 교회는 성령님 없이 존재할 수 없으며, 성령님은 교회를 통해 일하십니다. 따라서 성령님의 핵심사역은 하나님의 복음을 전하여 예수 그리스도를 믿

게 하고, 믿는 자로 하여금 다시 교회에 연합시켜, 교회 안에서 돌보시고 양육하시는 것입니다. 마치 예수님이 자신의 사역을 위해 열두 명을 일일이 만나서 제자로 삼으셨던 것처럼 오늘도 성령님은 믿는 자 한 사람 한 사람을 교회에 연합시키십니다.

머리 되신 예수님이 몸 된 나를 선택하신 것입니다

어느 곳에 교회가 새롭게 개척되고, 그 교회에 한 사람 한 사람이 모여 교회가 교회답게 세워지는 일은 전적으로 성령님의 역사입니다. "너희가 나를 택한 것이 아니요 내가 너희를 택하여 세웠나니"(요 15:16)라고 교회의 머리 되신 예수님이 말씀하셨기 때문입니다. 따라서 내가 어느 교회에 출석하는 것은 순전히 나의 선택, 나의 결정이었다고 생각하지 마십시오. 또 일회용 종이컵처럼 너무 쉽고 가볍게 교회를 옮겨 다니는 어떤 사람들처럼 행동하지 마십시오. 몸이 머리를 선택한 것이 아니라 머리 되신 예수께서 몸 된 나를 선택하여 지체로서 지금의 교회에 불러 모으신 것을 믿으십시오. 믿되 무겁게 믿으십시오.

(2) 성령님은 교회에 성령 세례(침례)를 베푸신다

우리가 구원을 받은 전체적인 여정에는 교회를 중심으로 성령님의 적극적인 역사가 있었음을 인정하지 않을 수가 없습니다. 우리 모두는 누군가로부터 복음을 전해 들었고, 그 들음을 통해 예수님을 구주로 영접했습니다(롬 10:17). 예수님의 십자가와 부활의 복음을 듣게 하신 것도 성령의 역사하심이었고, 그 들음을 통해 나 자신이 죄인이란 사실이 처음으로 인정되었던 것도 성령의 역사하심이었습니다. 이 모든 과정은 한순간에 일어나는 사건이며, 우리는 이것을 '거듭남'이라고 부릅니다.

그리고 거듭난 자에게 하나님은 성령을 주시는데, 그것을 성령 세례(침례)라고 합니다. 그래서 예수님은 "사람이 물과 성령으로 거듭나지 아니하면 하나님 나라에 들어갈 수 없느니라"(요 3:5)고 하셨고, 세례(침례) 요한은 "그는 성령과 불로 너희에게 세례를 베푸실 것이요"(마 3:11)라고 증거했으며, 베드로는 "너희가 회개하여 각각 예수 그리스도의 이름으로 죄 사함을 받으라 그리하면 성령의 선물을 받으리니"(행 2:38)라고 선포했습니다.

정리하자면 회개함, 죄 사함, 거듭남, 성령 세례(침례)는 일시에 일어나는 구원의 사건이며, 하나님의 구원에 있어서 서로가 서로를 증명하기 때문에 동의어라 할 수 있습니다. 그리고 이 모든

당신은 성령 세례(침례)를 반드시 받아야 합니다

당신은 하나님 앞에서 철저히 당신의 죄를 자복하고 회개했습니까? 예수 그리스도를 구주로 믿고, 그를 당신의 인생의 주인으로 모셔들였습니까? 이렇게 당신은 거듭났습니까? 다시 말해 성령 세례(침례)를 받았습니까?

아무리 교회를 수십 년 동안 다니고, 아무리 성경적인 지식이 많다 할지라도… 아무리 선한 행위를 하고 겸손한 자세를 취하고, 화려한 말로 신앙고백을 하고, 두 손 들고 눈물로 찬양을 하고, 어떤 신비한 경험을 가졌다 할지라도… 그래서 집사, 권사, 장로의 호칭을 얻었다 하더라도… 통회하는 심령을 가지고 자복하고 회개하지 않았다면 죄 사함도, 거듭남도, 성령 세례(침례)도 애초부터 없었던 것입니다. 그저 그렇게 교회만 다니면서 종교생활만 했을 뿐입니다.

성령 세례(침례)를 받기 위해서는 예수 그리스도의 십자가 앞에서 진정한 '자복'이 있어야만 합니다(마 3:5-6). 성령님은 바로 그런 진심 어린 중심에 '회개함'을 주십니다(딤후 2:25). 회개는 곧 '죄 사함'의 증거입니다(행 5:31). 죄 사함은 곧 거듭남을 가져오며, 성령 세례(침례)의 증거이자 결과입니다.

게네사렛 호숫가에서 예수님을 처음 만난 베드로는 그분의 무릎 아래 엎드려 "주여, 나를 떠나소서 나는 죄인이로소이다"라고 고백했습니다(눅 5:4). 그가 갑자스레 그렇게 한 이유는 예수님이 고기를 잡게 해주는 방법을 알려줘서가 아니었습니다. 베드로는 하나님의 독생자를 보았기 때문이었습니다. 이와 마찬가지로 우리가 예수님과 동행하는 삶을 살면 그분의 무릎 앞에 엎드릴 수밖에 없습니다. 왜냐하면 예수님은 세상의 빛으로 오신 하나님이시기 때문입니다(요 12:46).

이처럼 우리도 예수님 앞에 서게 되면 차마 생각하지도 못했던 죄, 설마 죄가 아닐 것이라고 넘겼던 죄, 무심코 지나쳤던 죄, 숨기고 싶은 은밀한 죄 등이 낱낱이 그분 앞에서 밝혀지므로 고백하지 않으면 안 되게 되어 있습니다. 예수님 앞에서 우리는 어떠한 죄도 숨길 수 없고, 용납될 수도 없기 때문입니다. 그러므로 우리는 우리의 중보자 되시는 예수님의 도우심으로 자복할 수 있고, 회개함과 죄 사함을 받아 거듭날 수 있으며, 성령으로부터 세례(침례)를 받을 수 있는 것입니다.

혹시라도 아직 성령 세례(침례)를 받지 못했다면, 그래서 회개함의 열매가 없고, 거듭남의 증거가 보이지 않는다면, 조용히 무릎을 꿇고 나를 위해 십자가에서 돌아가신 예수님께 나아가 회개함과 죄 사함을 구하십시오. 그리고 온전히 예수님을 당신의 주인으로 영접하시길 바랍니다. 하나님께서 성령을 주심으로 당신을 자녀로 삼으시고 하나님 나라를 상속하게 하실 것입니다(요일 1:9-10).

사건은 성령님께서 오직 교회를 통해서 역사하십니다. 그러므로 거듭난 자는, 다시 말해 성령 세례(침례)를 받은 자는 반드시 그리스도인으로서의 삶을 교회에서 새롭게 시작합니다(고후 5:17).

(3) 성령님은 교회에 성령 충만을 베푸신다

존 스토트(John R. W Stott)는 "그리스도인은 새로운 삶을 시작할 때 먼저 성령의 세례(침례)를 받는다. 그 후로는 계속해서 더욱 풍성하게 성령의 충만을 받기를 추구해야 하며, 그 결과로 성령의 열매가 삶에서 무르익어 나타나게 된다"라고 말했습니다. 즉 성령 세례(침례)가 최초 거듭남의 증거로써 일생에서 한 번 경험하는 사건일 때, 성령 충만은 성령 세례(침례)를 받았을 때의 은혜와 감격이 지속 또는 반복되는 상태를 의미합니다.

따라서 성령 충만하면, 처음 거듭난 이후로도 마음속에 더럽고 악한 것이 자리 잡지 않고 오직 성령으로 가득 차서 말로 할 수 없는 기쁨과 평강을 누리며 하나님이 기뻐하시는 일을 능력 있게 감당할 수 있게 됩니다(행 4:31; 엡 5:18). 또 성령으로 충만하면 죄를 죄로 알게 되며, 진리로 인도함을 받으며, 죄의 쓴 뿌리까지 태움을 받게 됩니다(히 12:15). 그 결과 죄를 이길 수 있는 힘과 복음을 전할 능력을 지니며, 성령의 열매, 즉 사랑, 기쁨, 화평, 오래 참음, 자비, 양선, 충성, 온유, 절제가 인격에서 그대로 드러나게 됩니다(갈 5:22-23).

그러나 한편 주의해야 할 것이 있습니다. 그것은 다시 나태하고 교만하면 성령 충만은 없어진다는 것입니다. 그리고 그 상태가 오래되면 성령님은 근심하시며 결국 떠나신다는 사실입니다(엡 4:30; 히 6:4-6; 계 2:4-5). 그러므로 성령 충만을 잃지 않기 위해서는 기본적인 교회의 예배생활과 개인의 경건생활을 놓치지 않아야 합니다. 그리고 죄에 부끄러워하지 않고 민감히 반응하면서 그때그때마다 회개하며, 말씀에 순종하는 삶을 살아야 합니다(갈 5:16-17).

성령 세례(침례)로 구원의 은혜를 최초로 경험했다면, 성령 충만으로 성결을 유지해야 하는 것입니다(빌 2:12). 예수님이 "이미 목욕한 자는 발밖에 씻을 필요가 없느니라 온몸이 깨끗하니라"(요 13:10)고 말씀하셨던 것처럼 성령은 성령 세례(침례)를 베풀어 세상 속에 살아가는 사람을 그리스도인으로 변화시키고, 성령 충만으로 온전한 그리스도인이 될 수 있도록 돌보십니다.

성령 충만해야 하는 이유

바울은 "내가 이르노니 너희는 성령을 따라 행하라 그리하면 육체의 욕심을 이루지 아니하리라"(갈 5:16)고 했습니다. 다시 말해 육신의 정욕과 성령은 서로의 일을 하지 못하도록 서로 대적하고 훼방한다는 것입니다. 결국 말씀과 기도로 거룩하지 못하므로 성령님과 함께 동행하지 않은 그 하루는 반드시 육신의 정욕의 일을 하는 하루가 되는 것입니다.

육체의 일과 성령의 열매(갈 5:20-23)

육체의 일	성령의 열매
음행, 더러운 것, 호색	사랑
우상 숭배, 주술	희락
원수 맺는 것, 분쟁	화평
시기, 분냄	오래 참음
당 짓는 것, 분열함	자비
이단	양선
투기(질투)	충성
술 취함, 방탕함	온유
또 그와 같은 것들	절제

성령 충만을 방해하는 요소들

- ◆ 주일예배를 거르는 것(출 31:13; 요 4:23-24)
- ◆ 말씀과 기도를 멀리하는 것(딤전 4:5)
- ◆ 음란한 생각과 행위를 하는 것(살전 4:3-5)
- ◆ 죄를 적당히 감추고, 타협하면서 회개하지 않는 것(엡 5:26)
- ◆ 원망하고 불평하고 성내는 것(히 12:14)
- ◆ 술, 담배, 오락 등 세상 쾌락을 즐기는 것(고후 13:11)
- ◆ 불의를 행하거나 용인하는 것(고전 6:8)
- ◆ 거짓말하는 것(골 3:9)
- ◆ 자기를 자랑하고, 돈을 사랑하는 것(딤후 3:2)

성령 충만을 위해 전도해보세요.

오늘날 전도라 하면, 단순히 교회에 초청하는 정도로 알고 있습니다. 하지만 전도의 올바른 의미는 대상자에게 십자가의 도(고전 1:18), 즉 복음을 제시하는 것입니다. 전할 뿐 아니라 유일하신 참 하나님과 그 보내신 자 예수 그리스도를 알게 하여 영생을 얻게 하고(요 17:3), 성숙된 믿음(히 6:1-2)을 가지고 참된 예배(요 4:23)를 드리기까지 인내로 돌보는 것입니다. 이런 전도의 모든 과정이 인간적인 방법으로 될까요? 결코 아닙니다. 왜냐하면 이 일은 하늘의 일이기 때문입니다(눅 15:7).

따라서 전도를 하려면 내가 먼저 성령 세례(침례)의 경험을 확실하게 가지고 있어야 합니다. 그리고 성령 충만의 상태에 있어서 신앙생활의 모범을 보이고 있어야 합니다. 그렇게 전도 대상자를 위해 기도로 성령의 도우심을 간구해야 합니다. 그뿐만 아니라 대상자가 예수님을 영접하고 온전한 그리스도의 몸의 일부가 되기까지 성실함으로 돌보아야 합니다.

그렇다면 이런 전도를 위해 어떻게 성령께서 충만하게 역사하지 않을 수 있을까요? 그리스도인으로서의 삶의 목표를 전도에 맞추십시오. 그러면 내 가족이 보이고, 친구가 보이고, 이웃이 보이게 됩니다(창 7:1; 행 16:31). 그렇게 하나님은 당신을 성령으로 충만하게 하셔서 하나님 나라를 확장시키길 원하십니다.

(4) 성령님은 물세례(침례)로 믿는 자들을 교회의 일원으로 공식화하신다

예수님은 세례(침례)를 받으시기 전에도 하나님의 아들이시며 그리스도이셨습니다. 하지만 그럼에도 요한에게 세례(침례)를 받으셨던 이유는 자신이 하나님의 아들인 것을 세상에 나타내시고, 그리스도의 사역을 세상에 비로소 공식화하기 위해서였습니다(요 1:31).

이와 마찬가지로 성령님은 믿는 자를 물세례(침례) 의식을 통해 그리스도인으로서의 일을 공식화하십니다. 즉 주일성수와 성도의 온전한 교제, 성경을 공부함, 전도와 구제와 선교의 일들을 교회의 정회원으로서 공식적으로 감당할 수 있게 하십니다. 그렇게 그리스도인으로서 거룩하게 구별되었음을 세상에 선언하는 것입니다. 동시에 예수님의 사역을 수행할 수 있도록 자신의 인격까지도 변화시켜야 하는 거룩한 부담감을 갖습니다. 하지만 그 변화조차도 성령님께서 담당하십니다. 이처럼 물세례(침례)는 매우 중요한 교회 예전(禮典)입니다.

물세례(침례) 예식은 어떻게 진행되고 그 의미는 무엇입니까?

헬라어 밥티즈마(βάπτισμα)의 사전적 정의는 '어떤 물체를 물 안에 집어넣어 완전히 잠기게 하는 것'입니다. 따라서 담글 침(浸)에 예전 예(禮)를 붙여서 침례 또는 세례로 번역한 것입니다. 따라서 세례(침례)는 온몸이 물에 완전히 잠겼다가 다시 나오는 방식으로 진행됩니다. 온몸이 물에 잠기는 것은 물을 가상의 흙으로 하여 예수님의 십자가 죽으심에 연합되어 나의 옛사람을 장사하는 것을 뜻합니다. 그리고 물에서 다시 나오는 것은 그리스도의 부활하심으로 거듭나는 것을 상징합니다. 이런 점에서 세례(침례)는 옛사람의 장례식이자 거듭난 새사람의 출생 신고식과도 같습니다.

우리가 예수님께서 우리 죄를 대신해 십자가에서 돌아가시고 묻히셨다가 다시 사신 것을 믿을 때, 우리의 옛사람은 예수님의 십자가 죽음에 연합되어 예수님과 함께 죽고, 이어서 예수님의 부활 생명을 받아 다시 태어나게 됩니다. 그래서 부활하신 예수님을 믿음으로 죄 많은 옛사람을 장사지내고 부활의 생명으로 다시 태어나기를 소망하는 내적 결단이자 외적 표현이 바로 세례(침례) 예식입니다. 그래서 예수님께서는 알맹이 없는 형식은 싫어하셨지만 세례(침례)만큼은 주님의 만찬과 함께 꼭 실행하도록 명령하셨습니다. 그만큼 세례(침례)에 담겨있는 신앙고백은 영적으로 중요한 의미가 있습니다.

하지만 세례(침례) 그 자체가 일과성 요식행위로 여겨져서는 안 됩니다. 세례(침례)를 출발점으로 해서 평생토록 세례(침례) 받을 때의 마음자세를 가지고, 철저히 자기를 부인하면서 날마다 자기 십자가를 지는 삶이 중요합니다. 그렇게 주님께 온전히 순종함으로 매순간 주님의 새 생명 가운데 살아야 합니다. 주 예수 그리스도를 믿음으로 옛사람을 장사하고 새사람으로 다시 태어남을 세상에 선언하고 공식화하는 것이 세례(침례)이기 때문입니다. 바울은 로마서 6장 3-9절에서 세례(침례)의 의미를 자세히 설명합니다. 함께 묵상해봅시다.

"침례를 받아 그리스도 예수와 하나가 된 우리는 모두 침례를 받을 때에 그와 함께 죽었다는 것을 여러분은 알지 못합니까? 그러므로 우리는 침례를 통하여 그의 죽으심과 연합함으로써 그와 함께 묻혔던 것입니다. 그것은 그리스도께서 아버지의 영광으로 말미암아 죽은 사람들 가운데서 살아나신 것과 같이, 우리도 또한 새 생명 안에서 살아가기 위함입니다. 우리가 그의 죽으심과 같은 죽음을 죽어서 그와 연합하는 사람이 되었으면, 우리는 부활에 있어서도 또한 그와 연합하는 사람이 될 것입니다. 우리의 옛사람이 그리스도와 함께 십자가에 달려 죽은 것은, 죄의 몸을 멸하여서, 우리가 다시는 죄의 노예가 되지 않게 하려는 것임을 우리는 압니다. 죽은 사람은 이미 죄의 세력에서 해방되었습니다. 우리가 그리스도와 함께 죽었으면, 그와 함께 우리도 또한 살아날 것임을 믿습니다. 우리가 알기로, 그리스도께서는 죽은 사람들 가운데서 살아나셔서, 다시는 죽지 않으시며, 다시는 죽음이 그를 지배하지 못합니다"(롬 6:3-9. 새번역).

(5) 지금까지 성령님의 교회 사역을 정리하면 다음과 같습니다.

- ◆ 성령님은 예수를 믿는 자, 또는 믿고자 하는 자 한 사람 한 사람을 불러 모아 교회를 세워나가십니다.
- ◆ 성령님은 성령 세례(침례)를 주어 거듭나게 하셔서 그리스도인으로서의 삶을 교회에서 새롭게 시작하게 하십니다.
- ◆ 성령님은 성령 세례(침례)의 은혜를 잃어버리지 않도록 시시때때로 성령 충만을 주십니다.
- ◆ 성령님은 물세례(침례)를 받게 하여 공식적으로 교회의 일을 맡기심으로 세상과 구별시키십니다.

4. 성령의 은사

은사는 성령님이 교회를 건강하게 세우기 위한 사역의 구체적인 내용입니다. 따라서 성령님의 교회 사역은 은사를 통해 가시적으로 나타납니다. 그렇기 때문에 교회 안에서 일어나는 어떤 일이 과연 성령의 사역인지, 아니면 인간적인 것이거나 심지어는 마귀의 미혹인지는 은사에 대한 정확한 지식으로 말미암아 검증되고 분별됩니다. 만약 분별할 수 있다면 성령님의 뜻에 따라 건강한 교회를 세워나갈 수 있을 것이고, 분별할 수 없다면 거짓의 영에 미혹되어 예수를 다시 십자가에 못 박는 일에 가담하게 될 것입니다. 그러므로 성령의 은사에 대해 성경적으로, 신학적으로 정확하게 아는 것은 매우 중요합니다.

(1) 은사의 정의

"베드로가 이르되 너희가 회개하여 각각 예수 그리스도의 이름으로 세례(침례)를 받고 죄 사함을 받으라 그리하면 성령의 선물을 받으리니"(행 2:38)에서 '성령의 선물'이란 회개함과 죄 사함, 거듭남과 구원을 포함한 모든 은혜입니다. 즉 베드로에게 있어서 은사는 곧 그리스도인으로 변화된 자들에게 하나님이 값없이 주시는 은혜의 선물(헬. 도레아, δωρεα)이었습니다.

한편 바울은 은사를 교회에서 일정한 개념을 가지고 보다 전문적이고 독자적으로 사용하고자 카리스마(χαρισμα)란 용어를 인용하기 시작했습니다. 본래 카리스마는 은혜, 은총 또는 선물을 뜻하는 카리스(χαρισ)에서 유래한 것으로써 "은혜를 나눠주다"란 뜻입니다. 즉 성령으로 충만함에 따라 죄를 이기는 은혜, 하나님으로부터 받은 사랑, 회개하고 순종함으로써 누리는 감사와 기쁨과 평안과 감격을 교회 안에서 서로 나누는 그 행위 자체가 바로 은사(χαρισμα)인 것입니다. 그래서 은사는 당연히 개인이 아닌 교회 공동체를 유익하게 하고 덕을 세우는 목적을 갖습니다.

이처럼 바울은 성령께서 은사를 교회에 주신 목적을 분명히 하고자 했던 것입니다. 베드로도 역시 "각각 은사를 받은 대로 하나님의 여러 가지 은혜를 맡은 선한 청지기같이 서로 봉사하라"(벧전 4:10)고 하면서 은사의 목적을 분명히 밝힙니다. 그러므로 은사는 나의 은사가 아닌 성령의 은사이며, 개인이 아닌 교회를 위한 것이며, 교회 밖이 아닌 교회 안에서 발휘됩니다. 그리고 반드시 성령의 열매로 이어집니다.

(2) 거짓 은사주의

은사주의란 개인의 신앙생활과 교회생활에서 어떤 일이나 사건을 판단하고 결정할 때 성경이 아닌 자신의 지식과 경험을 기준으로 삼는 것을 말합니다. 특히 자신이 겪은 경험이 신비적일수록 그의 은사주의적 사고는 매우 견고해지고, 그의 판단과 생각은 더더욱 거짓으로 흘러갑니다. 특히 입신상태에 빠진다거나 어떤 신비한 환상을 경험하는 것만을 은사로 알게 되면 개인의 신앙생활은 물론 교회 안에서도 많은 오해와 남용을 일으키게 됩니다. 그러나 이것은 전적으로 무지와 미혹의 결과물인 것을 알아야 합니다(고전 14:39).

앞서 언급했듯이 성령의 은사는 개인 한 사람이 아닌 오직 교회를 건강히 세우기 위해 설계된 은혜의 선물입니다. 따라서 성령님은 은사를 인격적으로, 그리고 질서 있게 교회에 나타내십니다(고전 14:33). 한편 예수님을 십자가에 못 박아 죽였던 마귀는 오늘도 여전히 살아 있어서 그리스도의 몸 된 교회를 공격하고 무너뜨리려 하고 있음을 우리는 인정해야 합니다. 또 마귀는 성령의 은사를 가장한 거짓된 은사로 교회를 미혹하고 있음을 간과해서도 안 됩니다. 왜냐하면 은사와 열매로 집사를 세우시려는 성령님의 교회사역을 전적으로 훼방하려는 것이 마귀의 사명이기 때문입니다.

다시 강조하지만 성령의 은사는 성도가 하나님의 은혜를 교회에 나누어 서로를 유익하게 하고 덕을 세우게 하는 목적을 갖습니다. 그래서 목회자의 사역을 돕고, 연약한 지체를 세우며, 성령의 열매를 인격에 담아 세상에 드러냄으로 교회를 건강하게 세웁니다. 반면 마귀의 은사는 지극히 신앙의 이기주의와 신비주의를 조장하여 개인뿐만 아니라 주변까지도 신앙과 이성의 통전성을 해체시킵니다. 그래서 자신에게 일어난 거짓된 현상을 '자기 의' 또는 '영적 권위'로 알아 목회자의 목양을 훼방하고, 교회 질서를 어지럽히며, 말씀의 권위에 도전하는 등의 종교적 남용과 기만을 일으킵니다.

그래서 거짓된 은사주의에 매몰된 사람들은 언제나 교회를 폄훼하고, 평가하며, 교만으로 목사의 말씀과 기도의 사역을 헐뜯어서 자신의 우월감을 드러내면서 교회의 교회성을 파괴합니다. 그뿐만 아니라 광적이고, 무례하며, 무질서함으로 세상 사람들에게 종교적 혐오를 안겨 주어 전도의 문을 닫게 합니다.

이렇듯 마귀가 거짓 은사로 교인들을 미혹하여 은사주의자로 만드는 까닭은 종교적이고 이단적인 열심을 갖게 하여 말씀 안에서 진리를 깨닫지 못하게 하려 함에 있습니다. 그렇다면 오늘날 가장 큰 이단은 거짓 은사를 받은 은사주의자들이라 해도 결코 과언이 아닙니다. 따라서 우리는 반드시 성경이 말하는 은사가 무엇인지 잘 알고, 무분별한 은사의 남용과 거짓된 은사를 분별하고 경계할 수 있어야 합니다.

원망과 불평은 마귀의 은사

하나님으로부터 받은 감사와 은혜와 기쁨과 평안을 나누는 행위 자체가 은사이고, 성령님께서 은사를 주신 목적이 교회를 건강하게 세우기 위한 것일 때, 그것과 정반대로 마귀의 은사가 있음도 명심해야 합니다. 그것은 바로 원망과 불평입니다. 원망과 불평은 마귀가 교회의 분리와 해체를 목표로 심어주는 마음입니다. 그래서 개인은 물론 주변까지 흔들어 실족하게 합니다. 그리고 잠재되어 있던 불순종과 불신앙을 이끌어냅니다. 그래서 교회의 연합과 일치를 파괴하고, 교회의 비전을 가리며, 교인들의 열정을 꺾어 놓습니다(렘 22:21; 히 10:25).

이와 같은 이유 때문에 민수기 11장 1-3절과 21장 4-9절을 보면, 하나님은 원망과 불평하는 자들을 악성 전염병처럼 취급하시며 불로 심판하셨습니다. 이처럼 교회는 마귀의 은사는 원망과 불평임을 반드시 명심하고, 혹시라도 이런 일들이 일어나지 않도록 각별히 유념해야 합니다(잠 4:23).

(3) 은사의 다섯 가지 특징

은사는 다음과 같이 크게 다섯 가지의 특징을 가지고 있습니다.

① 보편성

은사는 어떤 수행과 노력으로 얻게 되는 탤런트(talent)와 같은 것이 아니라 하나님께서 값없이 주시는 은혜의 선물입니다(엡 4:7). 다시 말해 성령님은 예수 그리스도를 구주로 영접한 자에게 은사를 주십니다. 주시되 모든 은사를 주십니다. 이 말에 오해가 있으면 안 됩니다. 그리스도인이 되면 자동으로 모든 은사를 소유한다는 것이 아니라 교회를 위해 모든 은사를 성령으로부터 받을 수 있는 보편적인 은혜의 상태가 된다는 뜻입니다. 왜냐하면 하나님이 주시는 은혜는 날마다 새롭기 때문입니다.

② 수용성

교회 공동체 안에서 교인은 서로 제각각입니다. 성격도, 생각도, 이념도, 취향도 모두 다릅니다. 따라서 때로는 의견의 차이나 충돌이 있는 것은 지극히 당연합니다. 그러나 동시에 그리스도인은 한 성령으로 한 믿음을 갖습니다. 그렇기 때문에 각기 다른 교인이 아무리 많아도 성령의 은사로 충분히 연합할 수 있는 것입니다(잠 10:12, 17:9). 진리 안에서 얼마든지 서로의 차이를 이해하고 연합하게 하는 것은 분명 성령께서 하시는 일이시기 때문입니다. 이처럼 은사의 수용성은 교회를 하나로 연합하게 하는 가장 중요한 특성입니다(고전 8:13-14).

③ 상호 의존성

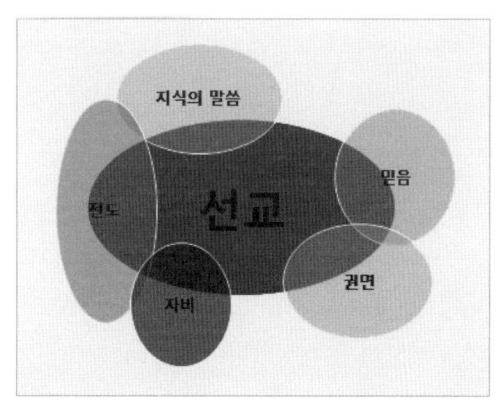

은사는 독자적이 아닌 상호 의존적입니다. 다시 말해 은사는 서로 연결되고 교류가 있을 때에 비로소 온전한 은사로서의 기능을 발휘합니다. 바울이 교회를 몸이라고 은유적으로 표현한 이유가 바로 여기에 있습니다. 그렇기에 교회 안의 모든 지체들은 서로에게 없어서는 안 될 존재입니다. 즉 서로에게 덕을 끼치고, 유익을 주며, 서로를 위해 봉사하고, 채워주고, 세워주는 것이 성령의 은사를 지닌 교인의 올바른 자세입니다. 이렇듯 은사들은 유기적으로 연결되어 있기 때문에 상호 의존하여 협력할 때 교회는 조화롭게, 건강하게 세워질 수 있습니다.

④ 공적 책임

초대 교회는 예수님을 그리스도로 영접하고 거듭난 증거로써 성령 세례(침례)와 성령 충만, 그리고 물세례(침례)를 받은 자만이 교회의 일원이 될 수 있었습니다. 하지만 교회구조가 오직 성령 중심에서 인간의 제도 중심으로 전환되고, 구원받은 증거를 검증하는 절차와 경계선이 느슨해짐에 따라 교회 안에는 소위 '명목상 그리스도인'이 생겨나게 되었습니다. 다시 말해서 교회에 등록되었다고 해서 모두가 구원받은 것이 아니라는 것입니다. 그렇다는 것은 모든 교인에게 성령의 은사가 있다는 것이 아니라는 뜻도 됩니다.

그러면 구원도 없고, 은사도 없는 교인은 교인으로 인정할 수 없다는 말인가요? 결코 그럴 수 없습니다. 그들이야말로 하나님께서 교회에게 맡기신 당신의 자녀요, 예비 성도요, 가장 아끼고 돌봐야 할 형제자매입니다(눅 15:4). 성령은 다름 아닌 그들을 위해 교회에 은사를 주십니다. 이렇게 서로가 서로를 위한 공적 책임을 갖습니다. 다시 말해 교회의 모든 지체는 성령의 은사로 말미암아 서로 연결되고 묶여 있는 공적 책임의 관계에 있음을 분명히 알아야 합니다. 이런 이유로 존 스토트(John Stott)는 성령의 은사에는 '책임'이 수반되므로 어떤 그리스도인이든지 아무런 은사를 받지 못했다고 해서 간과되거나 뒤로 처지는 일이 없어야 할 것을 강조했습니다.

⑤ 종속성(從俗性)

다시 한번 은사의 정의가 무엇인지를 분명히 합시다. 은사는 개인이 아닌 교회를 건강하게 세우기 위해 성령이 주신 것입니다. 즉, 교회의 유익과 덕을 세우기 위해 받은 은혜를 공동체에게 나누는 행위 자체가 바로 은사인 것입니다. 그렇다면 은사는 당연히 부차적인 것이 되어 교회의 건강함에 종속됩니다. 다시 말해 교회의 유익을 위해서라면 은사는 언제든지 통제되고 절제될 수 있어야 한다는 사실입니다.

이것은 매우 중요합니다. 왜냐하면 자신이 깨달은 은혜 또는 체험이 아무리 신령할지라도 교회 질서와 유익에 별 도움이 되지 않는다면 스스로 절제할 줄 아는 지혜와 겸손이 교회에 더욱 필요하기 때문입니다(고전 14:32-34).

(4) 은사 목록과 내용

성경에서 열거되고 있는 은사의 목록을 파악하기 위해 대표적으로 정통 개혁주의 진영에 있는 싱클레어 퍼거슨(Sinclair Ferguson)과 현대 복음주의 진영에 있는 존 스토트(John Stott)와 로버트 클린턴(Robert Clinton)의 도움을 얻고자 합니다. 다만 은사의 가짓수보다 은사를 바라보는 관점에 더욱 주목합시다.

① 싱클레어 퍼거슨(Sinclair Ferguson)

퍼거슨은 은사를 성경에 있는 그대로 열거했습니다. 설령 같은 은사가 중복되어 있다 하더라도 교회가 다르고, 상황과 조건도 다르기 때문에 성령의 사역은 능동적으로 얼마든지 다르게 영향력을 행사할 수 있기 때문입니다. 또한 상대적으로 성령의 사역에 반응하는 교인의 자세도 고려해야 했기 때문입니다.

고전 12:8-11	고전 12:28	롬 12:6-8	엡 4:11	벧전 4:11
지혜의 말씀	사도들	예언	사도	말씀 전하는 일
지식의 말씀	선지자들	섬김	선지자	섬기는 일
믿음	교사들	가르치는 일	복음 전하는 일	
병 고침	병 고침	권면하는 일	목사	
능력 행함	돕는 것	구제하는 일	교사	
예언하는 일	다스리는 것	다스리는 일		
영들 분별함	방언	긍휼 베풂		
각종 방언 말함				
방언 통역함				

② 존 스토트(John Stott)

존 스토트는 기본적으로 성경에 기록된 은사가 20개 이상이라고 말하면서 퍼거슨의 것과 거의 일치시켰습니다. 다만 은사를 목록으로 단정하지 않았습니다. 왜냐하면 오늘날의 성령 사역은 성경의 문자적 한계를 뛰어넘는다고 믿었기 때문이었습니다. 다시 말해 성령님은 1세기에만 머물러 있지 않고, 21세기의 변화된 문화와 사회와 정서에 적합한 은사를 교회에 주신다는 것입니다. 그러나 성경이 담고 있는 진리, 성경이 추구하는 방향성은 결코 변함이 없음을 잊어서는 안 됩니다.

③ 로버트 클린턴(Robert Clinton)

클린턴이 제시한 은사 목록은 매우 의미가 있습니다. 은사의 특성을 고려해서 기능적인 측면에서 분류하여 항목별로 묶어 놓았기 때문입니다. 그래서 은사의 효과적인 배치와 활용을 도모할 수 있게 해놓았습니다. 그래서 말씀의 은사 묶음, 능력의 은사 묶음, 사랑의 은사 묶음으로 크게 분류했습니다. 그리고 그중에서 사랑의 은사 묶음을 최고의 가치로 두었습니다. 은사의 묶음과 내용은 다음과 같습니다.

묶음	목록	내용
말씀의 은사	가르침	가르침의 은사는 사람에게 성경을 잘 이해할 수 있도록 교훈하고, 설명하고, 강해하는 것이다. **중심취지: 진리를 깨닫게 함**
	권면	권면의 은사는 교인이 말씀을 삶에 적용할 수 있도록 충고하며, 또 마귀의 유혹에 미혹되지 않도록 예방하는 것이다. **중심취지: 근신하고 깨어 있게 함**
	예언	예언의 은사는 미래를 예측하는 것이 결코 아니라 성경말씀을 담대히 선포(설교)하는 것이다. 즉 말씀을 통해 사람을 위로하고, 때로는 훈계하고 책망하여 그의 삶을 바르게 하여서 하나님의 나라가 가까이 왔음을 알리는 것이다. **중심취지: 하나님의 말씀을 가감 없이 담대히 선포함**
	사도	사도의 은사는 리더십을 가지고서 교회를 개척하고 선교회나 조직 등을 계획하고, 지도자를 양성하고, 임명하는 것이다. **중심취지: 교회 개척과 선교**
	목회 (사역)	목회의 은사는 교인을 돌보고 양육하는 것으로 지혜와 지식과 온유와 담대함으로 교회의 영성을 관리하는 것이다. 목자가 양을 돌보듯 약한 지체를 죄와 마귀의 세력으로부터 보호하고, 때에 따라 열매 맺도록 양육하는 것이다. **중심취지: 약한 지체를 돌봄**

묶음	목록	내용
말씀의 은사	전도	전도의 은사는 죄인이 하나님의 복음을 받아들이도록 다양한 방법으로 전하고, 설득하면서 온유와 인내로 기다려주는 것이다. **중심취지: 복음을 전함**
	다스림	다스림의 은사는 공동체 안에서 어떤 문제가 생기고 의견이 엇갈릴 때, 화평하게 하여 서로 연합과 일치를 이루게 하는 것이다. 그래서 불평과 원망을 다스리고 성령께서 주신 비전과 소망을 향해 기도하고 계획을 세우는 것이다. **중심취지: 교회를 연합하게 하여 화평을 이룸**
능력의 은사	지혜의 말씀	지혜의 말씀 은사는 실족해있거나, 불평과 원망을 하고, 중요한 진로의 선택지에 있는 사람에게 필요한 하나님의 말씀을 가장 시기적절한 때에 거부감 없이 전하여 소망을 주고, 옳은 선택을 하도록 돕는 것이다. **중심취지: 말씀으로 소망과 용기를 줌**
	지식의 말씀	지식의 말씀 은사는 하나님의 말씀을 배우고 싶어 하고, 삶에 적용하고 싶어 하는 갈급함을 가지고 주위에 선한 영향력을 끼치는 것이다. **중심취지: 하나님의 나라를 사모함**
	믿음	믿음의 은사는 어려운 형편에 놓일지라도 끝까지 하나님을 신뢰하면서 흔들리지 않는 것이다. 그래서 입으로 실수하지 않도록 침묵하고, 오히려 감사와 찬양으로 하나님께 간구하는 것이다. **중심취지: 하나님을 전인격적으로 신뢰함**
	병 고침 (치유)	병 고침의 은사는 교인의 몸과 마음의 상태를 살펴서 약함이 발견되면 함께 공감하고 위로하고 세워주는 것이다. **중심취지: 하나님의 사랑을 나타냄**
	능력 행함	능력 행함의 은사는 어떤 문제적 상황을 말씀과 기도로 뚫고, 극복하고 이겨내는 것이다. **중심취지: 하나님의 나라를 세상에 나타냄**
	영 분별	영 분별의 은사는 진리와 거짓, 성령과 악령, 양과 염소를 분별하고 타협하지 않음으로써 교회와 가정을 미혹으로부터 지켜내는 것이다. **중심취지: 교회를 지킴**
	방언	방언의 은사는 외국에 복음을 전파하고 교회를 세우기 위해 그 나라의 언어로 말씀을 전하는 것이다. **중심취지: 복음 전파와 교회 개척**
	방언 통역	방언 통역의 은사는 방언을(방언으로) 통역하는 것이다. **중심취지: 복음 전파와 교회 개척**

묶음	목록	내용
사랑의 은사	행정	행정의 은사는 교회 목회자들이 목양에 전념할 수 있도록 외적인 것을 세심하게 살펴 돕는 것이다. **중심취지: 목사의 목양을 도움**
	섬김	섬김의 은사는 하찮고 힘든 일을 솔선수범하여 봉사하고 헌신하는 것이다. **중심취지: 교회를 사랑함**
	자비	자비의 은사는 어려움 중에 있는 사람들과 함께 울고 위로함으로 하나님의 긍휼과 사랑을 전하는 것이다. **중심취지: 하나님의 마음을 전함**
	대접	대접의 은사는 선교와 구제, 그리고 교회의 필요를 알아 재정적으로 공급하고 후원하는 것이다. **중심취지: 선교와 구제**

(5) 오늘날의 은사

지금까지 은사 목록과 그 내용에 대해 살펴보았습니다. 그 결과 각각의 목록에 약간의 차이가 있을 뿐 대부분 일치하고 있는 것을 확인할 수 있었습니다. 다만 특이점은 열거되는 은사 목록이 각 교회마다 서로 다르다는 것입니다. 그것은 성령님이 교회에 은사를 맹목적으로 주시지 않기 때문입니다. 다시 말해 성령님은 은사를 각 교회가 처한 상황과 조건과 환경에 따라 적절하게 공급하십니다. 이것은 존 스토트(John Stott)의 주장을 다시 한번 상기시키면서 성경에 기록된 초대 교회의 은사 목록이 오늘날 21세기의 교회에 똑같이 적용될 수 없다는 사실을 인정하게 합니다. 예를 들면, 병 고침이나 영 분별, 그리고 지식과 지혜의 말씀 등은 오늘날도 성령님이 교회에 많이 주십니다. 왜냐하면 우리의 몸과 마음은 언제나 연약하기 때문입니다.

반면 오늘날 복음전파의 목적을 위한 방언이나 방언 통역과 같은 은사는 거의 필요하지 않습니다. 왜냐하면 현재 복음은 거의 온 세상에 전파되어 있어서 이제는 교회가 세워지지 않는 곳이 없으며, 성경은 거의 모든 나라의 언어로 번역되어 공급되었기 때문입니다. 다만 방언과 방언 통역은 자기 자신을 세우고 유익하게 합니다(고전 14:4). 그렇기에 성령님은 오늘날 복음 전파를 위해 찬양이나 스포츠, 문화 등을 소재로 한 부수적인 은사를 교회에 제공하십니다.

또한 현재는 선지자나 사도의 시대도 아닙니다. 따라서 우리는 모세나 엘리야와 같은 선지자들이 일으켰던 그 엄청난 이적을 경험할 수 없습니다. 또 요한이나 바울과 같은 사도들에게 가르침을 받을 수도 없습니다. 그렇기 때문에 성령님은 목사를 기름 부어 교회에 세우시고, 그에게 가르침과 목양의 은사를 주어 선지자와 사도들이 감당했던 사역을 대체시키십니다. 21세기의 사회적 정서와 질서에 합당하게 말입니다.

(6) 건강한 은사 활용의 예

파니 크로스비(Fanny Crosby, 1820-1915)는 도저히 감당할 수 없는 불행한 삶을 통해서 하나님을 찬양했고, 현재 우리는 그녀의 찬송을 즐겨 부릅니다. 고아의 아버지라고 불릴 만큼 불행한 삶을 살아야만 했던 조지 뮬러(George Muller, 1805-1898)도 위대한 중보 기도자로서 기독교의 역사에 기록되었습니다. 야구선수인 클레이튼 커쇼(Clayton Kershaw, 1988-)는 비시즌 때마다 훈련 대신 선교지를 방문하여 교회를 세우고 복음을 전합니다.

이밖에 오늘날 많은 가수, 방송인, 문학도, 스포츠인 등이 각계각층에서 성령의 은사로 그리스도의 사역을 감당하며 교회를 건강하게 세우고 있습니다. 이렇듯 우리의 사정과 형편을 잘 아시는 성령님은 오늘날도 당신의 교회를 건강하게 세우기 위해 가장 적절하고 실용적인 방법으로, 그리고 인격적이고 질서있게 교회에 은사를 주셔서 교회를 건강하게 세워 나가십니다(눅 2:52).

(7) 은사를 주신 목적

오늘날 적지 않은 교회들이 세력을 키우거나 개인의 영적 수준을 높이기 위한 도구 정도로 은사를 오해하고 있습니다. 하지만 우리가 이제껏 알아왔듯이 은사는 결코 개인의 능력이나 체험의 만족을 위해 주어진 것이 아닙니다. 또 교회의 양적 성장만을 위해서도 아닙니다. 자라게 하고 열매 맺게 하시는 일은 오직 하나님의 소관이십니다(고전 3:7; 엡 4:16). 성령님은 교회를 유익하게 하고, 덕을 세워 연합하고 일치시키기 위해 은사를 주십니다. 그러므로 집사는 은사의 주체 되시는 성령, 그리고 은사의 목적이 되는 교회에 관심을 가져야 하는 것이지, 자기 자신 또는 어느 개인 또는 교회 밖의 어느 세력이 되어서는 결코 안 됩니다(엡 4:11-12).

(8) 사랑의 은사를 사모하라

바울은 고린도전서 12장에서 은사 목록을 나열한 후, 마지막에 "너희는 더욱 큰 은사를 사모하라 내가 또한 가장 좋은 길을 너희에게 보이리라"(고전 12:31)고 하였습니다. 그리고 이어서 13장 전체에서 오직 사랑을 강조합니다. 그 처음과 끝 절은 다음과 같습니다.

"내가 사람의 방언과 천사의 말을 할지라도 사랑이 없으면 소리 나는 구리와 울리는 꽹과리가 되고"(고전 13:1).

"그런즉 믿음, 소망, 사랑, 이 세 가지는 항상 있을 것인데 그 중의 제일은 사랑이라"(고전 13:13).

왜냐하면 사랑은 모든 은사의 기본이고, 모든 은사를 은사 되게 하고, 열매 맺게 하기 때문입니다. 그러므로 교회는 모든 은사를 물론 사모해야겠지만 가장 사모해야 할 것은 사랑입니다.

(9) 은사 받기 위해 그리스도의 성품을 준비하라

바울이 교회를 향한 성령의 당부를 명료하게 전달한 에베소서 4장 12절을 새번역과 NRSV로 읽어봅시다.

"그것은 성도들을 준비시켜서, 봉사의 일을 하게 하고, 그리스도의 몸을 세우게 하려고 하는 것입니다"(새번역).

"to equip the saints for the work of ministry, for building up the body of Christ"(NRSV).

여기서 주목해야 할 부분은 성도들을 "준비시켜라"(to equip)는 것입니다. 즉 바울이 목사를 향해 권고하기를 교인들에게 성령께서 은사를 주시기만을 가만히 기다리고 있지만 말고, 준비하고 양육시키라고 합니다. 따라서 교회에서 직분을 받을 자는 먼저 성령의 은사를 받기 위해, 그리고 은사를 적절히 사용하고 혹시라도 교만하여 종교적 남용을 일으키지 않기 위해 준비하고 양육해야 합니다. 그렇다면 무엇을 준비하고 양육해야 할까요? 그것은 은사를 행사하는 집사의 인격, 즉 성령의 열매입니다.

5. 성령의 열매

어느 교인이 아무리 크고 많은 은사를 행할지라도 그의 행동에 사랑이 없고, 오히려 무례하다면 결코 교회에 유익이 될 수 없습니다. 따라서 성령님은 올곧은 인격이라는 그릇에 은사를 부어 주십니다. 그래서 바울은 집사에게 예수님의 인격을 닮아갈 것을 당부한 것입니다. 그것이 바로 성령의 열매입니다.

(1) 예수님의 인격

갈라디아서 5장 22-26절에서 언급한 성령의 열매 9가지는 예수님의 인격을 나타냅니다. 즉 별개로 나뉘진 각각의 열매, 또는 어떤 특별한 결과물들이 아니라 예수님의 인격에 담겨진 영성의 특징을 세밀하게 나열한 것입니다. 예수님은 자신의 삶 속에서 성령의 열매를 가장 온전히 맺으셨고, 특히 십자가에서 가장 풍성히 보이셨습니다. 따라서 우리가 성령의 열매를 맺을 때 비로소 예수님의 인격과 그의 영성을 닮는 그리스도인으로서의 성숙한 삶을 살게 되며, 동시에 교회를 건강하게 세우는 사명을 감당할 수 있게 되는 것입니다. 그러므로 우리는 성령의 열매가 갖는 의미가 무엇인지를 알고, 각각의 열매들을 모든 삶 속에서 어떻게 맺어갈 것인지를 놓고 깊이 고민하며 인격 속에서 성숙시켜야 합니다.

① 사랑(Love)

요한은 하나님의 인격을 사랑으로 압축했습니다(요일 4:8). 예수 그리스도를 이 땅에 보내셔서 인간의 죄를 십자가에서 대속하게 하심으로 당신의 사랑을 우리에게 확증해 주셨기 때문입니다(롬 5:8). 받은 은혜를 다시 나누는 행위를 은사라고 했을 때, 하나님은 당신의 외아들인 예수 그리스도를 통해 우리에게 가장 크신 사랑의 은사를 행하신 것입니다(요 3:16). 예수님도 역시 우리를 사랑하사 자기 자신을 십자가에서 내어주시기까지 하셨습니다(계 1:5).

이러한 하나님의 사랑을 우리가 어떻게 알 수 있을까요? 오직 성령님으로 말미암아 알 수 있는 것입니다(롬 5:5). 다시 말해 성령님은 사랑으로 하나님을 알게 하며(요일 4:7-8), 서로 사랑하게 함으로써 하나님도 사랑할 수 있도록 하셨습니다(요일 4:11-12). 그래서 바울은 성령의 9가지 열매 중 사랑을 맨 앞에 두어 나머지 열매 모두를 요약하고 포함할 수 있게 했습니다.

바울은 고린도전서 13장에서 분쟁 중인 고린도교회를 회복시키기 위한 "가장 좋은 길"(고전 12:31)로써 어떤 방법론이 아닌 사랑을 제시하였습니다. 사실 사랑 외엔 다른 방법이 없었습니다. 왜냐하면 사랑 없는 모든 말과 행동은 오히려 교회의 일을 방해하고, 피곤하게 하고, 때로는 교회 질서를 해치는 마귀의 도구가 되기 때문입니다. 하지만 사랑은 모든 것을 견디게 하고, 어떤 곤경이나 좌절이나 절망까지도 이기게 하여서 서로를 용서하고 수용하고 연합하게 합니다. 따라서 우리는 언제나 사랑 안에서 서로 말하고 권면해야 합니다(엡 4:15). 아무리 진리를 말하고 권면한다 할지라도 사랑이 없다면 시끄러운 잔소리가 될 것이기 때문입니다(고전 16:14). 이런 이유로 칼 바르트(Karl Barth)는 고린도전서 13장에서 '사랑' 대신 '예수'로 바꿔 넣어 읽어도 아무 문제가 없다고 했습니다. 그만큼 교회 안에서 사랑보다 중요한 덕목은 없습니다.

② 희락(Joy)

희락 또는 기쁨은 어원적으로 자긍심 또는 당당함을 뜻합니다. 따라서 바울은 "성령의 기쁨"(살전 1:6)이라고 말하면서 세상의 것과 구별하였습니다. 즉 희락은 하나님의 자녀 된 신분의식에서 나오는 영적인 당당함 또는 권세입니다. 그러므로 희락은 우리를 어떤 환경과 상황에 있더라도 주님 한 분만으로 만족하면서 비굴하거나 쫄지 않게 합니다. 왜냐하면 어떤 악한 문제보다, 어떤 험난한 역경보다 하나님이 더 크시고 능력이 있음을 믿기 때문입니다(느 8:10).

예수님께서 도저히 견딜 수 없는 배신과 조롱과 핍박으로 이어지는 십자가 앞에서 당당하신 이유는 성령의 희락으로 충만하셨기 때문입니다. 바울과 실라도 감옥에 갇히는 억울한 상황에서도 성령께서 주시는 희락으로 하나님께 감사하며 찬양할 수 있었습니다(행 16:25-34). 하박국이 "비록 무화과나무가 무성하지 못하며, 포도나무에 열매가 없으며, 감람나무에 소출이 없으며, 밭에 먹을 것이 없으며, 우리에 양이 없으며, 외양간에 소가 없을지라도 나는 여호와로 말미암아 즐거워하며 나의 구원의 하나님으로 말미암아 기뻐하리로다"(합 3:17-18)고 고백할 수 있었던 것도 그의 중심에 성령의 희락이 있었기 때문이었습니다.

그러므로 우리도 교회 안에서 '얼마나 많은 능력을 행사할 수 있나?, 어떤 봉사로 얼마큼 영광을 돌릴 수 있을까?, 어떻게 더 많고 크고 화려한 결과물을 얻을 수 있을까?'를 고민하기보다는 어떤 상황에서도 주님 한 분만으로 만족할 줄 아는 희락을 잃지 않도록 해야 합니다.

③ 화평(Peace)

화평, 또는 평강은 하나님께서 주시는 '행복' 또는 '안전', '부요', '안식', '치유', '온전함' 등을 뜻하는 "여호와 샬롬"(삿 6:24)을 의미합니다. 즉 화평은 어떤 상황에서도 하나님이 함께하신다는 믿음으로 두려워하지 않고 안심할 수 있는 마음가짐을 뜻합니다. 그러므로 주님이 주시는 화평을 얻기 위해서는 "주께서 심지가 견고한 자를 평강하고 평강하도록 지키시리니 이는 그가 주를 신뢰함이니이다"(사 26:3)라는 말씀처럼 어떤 상황에서도 염려하지 말고 기도와 간구로, 그리고 오히려 감사함으로 하나님을 신뢰하는 강직함이 요구됩니다(빌 4:6-7). 결국 어떤 상황에서도 하나님의 주권을 100% 신뢰하는 것이 바로 화평의 열매입니다.

다윗이 "내가 사망의 음침한 골짜기로 다닐지라도 해를 두려워하지 않을 것은 주께서 나와 함께하심이라 주의 지팡이와 막대기가 나를 안위하시나이다"(시 23:4)라고 고백할 수 있었던 것은 그에게 성령의 화평이 있었기 때문입니다. 바울도 "생각하건대 현재의 고난은 장차 우리에게 나타날 영광과 비교할 수 없도다"(롬 8:18)라고 고백할 수 있었던 것은 그에게 성령의 화평이 있었기 때문입니다. 화평이 없는 자들은 예상치 못한 난관에 갑자기 부딪히면 불안하고 어찌할 바를 몰라 쉽게 좌절하거나 낙심하지만(사 48:22), 화평이 있는 자들은 들끓는 감정을 추스르고 하나님께 무릎으로 나아갑니다. 그렇게 하나님의 도우심을 바라고 힘입어 극복해 나갑니다. 특히 교회와 가정과 같은 공동체에 어려움이 올 때, 화평이 있는 자들은 자신의 화평으로 공동체를 세밀하게 살피고 돌볼 줄 압니다. 그래서 둘로 나뉜 것을 하나로 연합시키고, 막힌 장애물을 뚫어 형통하게 하여 오히려 상황을 역전시키는 화평케 하는 자(마 5:9; Peace Maker)로서 중보자의 역할을 합니다(엡 2:14-17).

④ 인내(Patience)

고린도전서 13장에 따르면, 인내는 사랑과 가장 밀접한 덕목입니다. "사랑은 오래 참고", "사랑은 성내지 아니하며", "사랑은 모든 것을 참으며", "사랑은 모든 것을 견디느니라"고 말씀하고 있기 때문입니다. 따라서 어떤 문제에 직면했을 때 요동치지 않고, 흥분하지 않고, 하나님의 때와 역사를 잠잠함으로 기다리는 것입니다. 힘들고 고생할 때, 악인들의 공격을 받을 때 원망하거나 불평하지 않고 하나님의 긍휼과 은혜를 기다리며, 하나님의 의를 이루는 것입니다(약 1:19-20). 억울하게 손해를 보거나 다칠지라도 분내거나 조급하지 않고 감정을 눌러 내리고 참는 것이 인내입니다. 비록 내 맘에 들지 않고, 정의롭지 않은 방향으로 흘러간다 할지라도 쉽사리 자기에게 주어진 자리를 이탈하지 않는 것이 인내입니다. 또한 열심히 일했으나 열매가 보이지 않을지라도 실망하지 않고 성실함으로 소망을 지키는 것이 인내입니다.

교회 안에서 하나님이 맡겨주신 사역을 하다 보면 마귀의 공격과 시험은 반드시 따라오기 마련입니다. 그때 만약 인내하지 못해서 불평하고 원망하고 분내며 조급하게 되면 하나님의 의를 이루지 못하게 됩니다(약 1:20). 하지만 인내하면 개인은 물론 사역의 풍성한 결실을 거두게 됩니다. 마지막 때가 가까울수록 하나님은 당신의 교회를 세우기 위해 이 같은 인내의 열매를 맺는 자를 많이 필요로 하십니다(약 5:8).

"시험을 참는 자는 복이 있나니 이는 시련을 견디어 낸 자가 주께서 자기를 사랑하는 자들에게 약속하신 생명의 면류관을 얻을 것이기 때문이라"(약 1:12).

⑤ 자비(Kindness)

자비는 상대에게 예의를 갖추며 따뜻한 관심을 베푸는 착한 마음을 뜻합니다. 즉 자비는 가난한 자에게는 친절과 관용을, 악한 자에게는 용서와 인내를, 교만한 자에게는 겸손을 베푸는 것입니다. 예수님은 하나님께서 자비로우시니 너희도 자비로운 자가 되라고 명령하셨습니다. 또 상대가 아무리 악할지라도 주께서 주실 상급을 바라보고 자비를 베풀라고 말씀하셨습니다(눅 6:35-36). 이와 같은 자비는 교회 안에서 다른 교인을 우선적으로 배려하고자 나의 것을 기꺼이 내어놓는 섬김과 희생으로 나타납니다.

마지막이 가까울수록 현대인들은 항상 무정하고, 원통함을 풀지 아니하고, 모함하고, 절제하지 못하며, 사나우며, 선한 것을 좋아하지 않는 마음을 품습니다(딤후 3:3). 하지만 그럴 때일수록 교회는 상대의 잘못에 불만을 오랫동안 품지 아니하며, 아무 조건 없이 서로 용납하고 용서해주는 자비의 열매를 풍성하게 거둘 수 있어야 합니다. 그럴 때 교회는 온전히 연합된 그리스도의 몸 된 공동체가 될 수 있습니다.

⑥ 양선(Goodness)

양선은 "경건한 행실"(벧후 3:11) 또는 "옳은 행실"(계 19:8)을 뜻하는 성령의 일로써 불의하고 거짓되고 정욕적인 육체의 일들과 정확히 대조됩니다. 그래서 바울은 성령의 9가지 열매를 설명하기 위해 먼저 육체의 일들을 나열합니다. "육체의 일은 분명하니 곧 음행과 더러운 것과 호색과 우상 숭배와 주술과 원수 맺는 것과 분쟁과 시기와 분냄과 당 짓는 것과 분열함과 이단과 투기와 술 취함과 방탕함과 또 그와 같은 것들이라 전에 너희에게 경계한 것같이 경계하노니 이런 일을 하는 자들은 하나님의 나라를 유업으로 받지 못할 것이요"(갈 5:19-21)라고 했습니다. 즉 성령이 없는 인간은 육신의 본능만을 가지고 온갖 더러운 일들을 마음에 계획하고 실행하지만(유 1:19), 성령이 함께하시는 사람은 경건하고 옳은 행실, 즉 양선의 열매를 맺습니다.

교회가 최초로 일곱 집사를 세울 때의 기준은 하나님뿐만 아니라 세상 사람들에게도 인정받는 양선이었습니다(행 6:3). 바울도 역시 집사의 직분을 받을 자는 구체적인 양선의 열매가 나타나야 할 것을 권고했습니다.

"이와 같이 집사들도 정중하고 일구이언을 하지 아니하고, 술에 인 박히지 아니하고, 더러운 이를 탐하지 아니하고, 깨끗한 양심에 믿음의 비밀을 가진 자라야 할지니, 이에 이 사람들을 먼저 시험하여 보고 그 후에 책망할 것이 없으면 집사의 직분을 맡게 할 것이요"(딤전 3:8-10).

결론적으로 양선의 열매는 교회의 모든 일을 더욱 잘되게 하고, 교회를 세상에서 칭찬받게 하고, 교회 공동체를 더욱 온전하게 결속시킵니다. 그래서 교회를 세상에서 빛과 소금의 역할을 감당할 수 있게 하므로 하나님을 영화롭게 합니다. 이렇게 양선의 열매를 많이 맺는 자는 착하고 충성된 종으로서 하나님께 많은 칭찬과 상급을 받게 될 것입니다(마 25:23; 갈 6:9).

⑦ 충성(Faithfulness)

바울은 맡은 자들이 구해야 할 가장 큰 덕목은 충성이라고 했습니다(고전 4:2). 우리는 흔히 충성을 생각할 때에 열심히 바쁘게 뛰고 일하는 것으로 생각합니다. 하지만 충성이란 일의 크기(size)나 양(amount)이 아니라 맡긴 것을 하고, 맡기지 않는 것은 하지 않는 종으로서의 자세를 말합니다. 즉 내가 원하지 않아도 맡겨주었다면 해야 하고, 하고 싶어도 맡겨주지 않은 것이라면 절제하고 하지 않는 것이 충성입니다. 중요한 것은 못할 것 같아서 맡기지 않는 것이 아니고, 잘하는 것만 맡기는 게 아니라는 사실입니다. 누구나 자기가 좋아하는 일을 열심히 하고 싶어 합니다. 그래서 인정받고 싶어 합니다. 그러나 자신의 열정이나 관심보다 교회의 질서가 먼저 요구될 때가 있습니다. 그래서 자신의 뜻을 활발하게 펼칠 때도 있지만 절제해야 할 때도 있는 것입니다. 이처럼 자신보다 교회의 질서와 유익을 먼저 생각하는 종의 자세가 충성입니다. 그렇다면 가장 기본이면서 어려운 충성은 가만히 있을 줄 아는 침묵이라 할 수 있습니다(사 53:7; 눅 23:9).

이와 같은 충성의 이해도가 높은 곳은 바로 군대입니다. 하지만 군대에서는 계급이라는 힘의 논리로 충성을 강제하지만, 교회에서는 섬김과 겸손의 모본을 보이신 예수 그리스도의 충성으로 서로에게 덕이 되고 유익을 끼칩니다(히 13:17). 예수님께서 "지극히 작은 것에 충성된 자는 큰 것에도 충성되고 지극히 작은 것에 불의한 자는 큰 것에도 불의하니라"(눅 16:10)고 하신 말씀을 생각할 때, "지극히 작은 것"이란 크기(size)나 양(amount)이 아닌 기초(basic) 또는 기본(foundation)인 것을 생각해야 합니다. 즉 성령의 열매 중, 사랑이 가장 크고 모든 것을 포함할 때, 충성은 가장 기본이 되는 것입니다.

요한계시록에서 예수님의 이름을 "충신과 진실"(계 19:11)로 언급하는 것도 이런 이유 때문입니다. 그뿐만 아니라 모세(민 12:7), 여호수아(수 14:8), 다윗(삼상 22:14), 다니엘(단 6:4), 바울(딤후 4:7), 디모데(고전 4:7) 등 하나님을 기쁘게 하는 모든 자들의 공통점은 바로 충성의 열매를 맺는 자들이었습니다. 그러므로 우리도 하나님께 충성된 종으로서 집사의 직분을 감당하는 자가 되어야 합니다.

⑧ 온유(Gentleness)

아무리 훈련시켜도 길들여지지 않는 사나운 늑대는 도무지 곁에 둘 수 없지만, 주인의 명령을 잘 따르도록 훈련된 강아지는 반려견으로 사랑을 받습니다. 활기찬 야생마보다는 길들여진 말이 더 값집니다. 이처럼 성령의 열매로서 온유는 유순한 성격을 뜻하는 게 아닙니다. 하나님의 말씀 앞에서 강퍅하지 아니하고 순종할 수 있는 마음의 자세가 바로 온유입니다(약 1:21). 따라서 온유에는 하나님의 말씀을 올바르게 이해할 수 있는 지혜와 지식, 그리고 말씀을 그대로 삶에 수용할 수 있는 겸손, 말씀을 순종하기 위해 타협하지 않으려는 강직함 등이 함께 묻어 있는 것입니다. 이처럼 예수님이 중요한 말씀을 하실 때마다 "귀 있는 자들은 들으라"고 하신 것은 과연 그가 말씀 앞에 온유한 사람인지에 대한 확인이었습니다.

구약에서 가장 온유한 인물은 모세였습니다. 비록 그는 젊었을 때 사람을 죽이기도 했었고, 광야에서도 분내는 등의 여러 과오가 있었지만 그는 하나님의 말씀에 무릎으로 복종할 줄 아는 사람이었습니다. 그래서 성경은 "이 사람 모세는 온유함이 지면의 모든 사람보다 더하더라"(민 12:3)고 평가했습니다. 예수님도 본래 하나님이시나 자신을 낮추시고 죽기까지 복종하셨고, 이런 자신에 대하여 "나는 마음이 온유하고 겸손하니 나의 멍에를 메고 내게 배우라"(마 11:29)고 말씀하셨습니다. 이처럼 온유한 자는 말씀 앞에 겸손한 태도를 보입니다. 그리고 교훈과 훈계와 책망을 겸허히 받아들일 줄 압니다. 그의 성격이 유순해서가 아니라 말씀에 온유하기 때문입니다.

옥토 밭은 단 하나의 씨를 받아도 100배, 60배, 30배의 열매를 거둘 수 있습니다. 그러나 돌밭, 가시밭, 길가는 수많은 씨를 받아도 단 하나의 열매를 맺지 못합니다. 다시 말해 말씀에 온유한 자만이 열매를 맺을 수 있는 복된 자인 것입니다(계 1:3). 특히 예수님은 온유한 자는 땅을 기업으로 받는 복을 받게 될 것을 약속하셨습니다(마 5:5). 이처럼 교회에는 온유함으로 복이 있는 자가 많아야 합니다. 그래야 교회가 힘 있게 주님의 사역을 감당하고 하나님의 나라도 더욱 풍성하게 확장시킬 수 있기 때문입니다.

⑨ 절제(Self-Control)

절제는 자기 자신의 욕망과 그릇된 생각과 계획을 제어하여서 성경이 말하는 취지와 방향에 합당한 삶을 살게 하는 능력을 말합니다(고전 7:9). 정욕을 제어할 수 있는 힘은 곧 성령님께서 주시는 영의 생각입니다(롬 8:5-9). 성령님은 보혜사로서 예수님께서 가르치고 분부하신 모든 것을 생각나게 하십니다(요 14:26). 결국 절제는 말씀의 지배를 받는 삶과 능력입니다. 따라서 절제의 반대는 무질서(disorder)이고, 방종(self-indulgence)입니다(고전 14:33).

절제할 줄 아는 그리스도인은 하나님의 선하시고 기뻐하시고 온전하신 뜻이 무엇인지를 분별합니다(롬 12:2). 그렇기 때문에 마음의 생각과 계획이 항상 올곧고 정의롭습니다. 그래서 그의 삶의 우선순위와 중심은 교회에 맞춰져 있습니다. 또한 자기의 의를 신봉하며 자기 소견에 옳은 대로 행하지 아니하고, 설교와 제자훈련에서 들리는 하나님의 음성으로 일상의 기준을 정합니다. 그리고 목회자에게 상담하고 판단을 듣습니다. 소신이 없어서가 아니라 언제나 하나님의 말씀을 자신의 삶에 다림줄로 삼고자 하는 정직과 성실과 강직함이 있기 때문입니다. 성령님은 이런 마음에 절제의 열매를 주셔서 육신의 일을 도모하는 일(롬 13:14), 분쟁하고 다투고 욕심 부리는 일(약 4:1), 자신을 속이면서 아첨하고 자기를 자랑하고 세상과 타협하는 일(약 1:22; 유 1:16) 등의 모든 정욕과 미혹에 그를 내어주지 않으시고 지키십니다.

이처럼 절제의 열매를 거두는 사람은 인격과 신앙이 눈에 띄게 성숙합니다(벧후 1:4-9). 그리고 기도 응답을 받습니다(약 4:3). 특히 하나님께서 모든 일에 형통하게 하심으로 인간관계에 승리할 수 있게 하시며, 물질에 복을 받아 교회를 세움으로 하나님의 나라를 확장시킵니다(롬 8:28). 분명 교회는 공동체이기 때문에 무릇 자신을 절제할 줄 앎으로 모든 사람 앞에서 하나님의 도구로서 모범을 보이는 자가 필요합니다. 그러므로 교회는 한 사람, 한 사람을 말씀 양육과 훈련으로 세우는 것이 무엇보다 중요합니다.

(2) 은사보다 열매가 중요합니다.

성령의 은사는 그 자체만으로 그것이 참인지 거짓인지 알 길이 없습니다. 왜냐하면 얼마든지 지식적으로, 감정적으로, 일회적으로, 그리고 형식적으로 표현하고 나눌 수 있기 때문입니다. 하지만 성령의 열매는 그럴 수 없습니다. 왜냐하면 성령의 열매는 그 사람의 인격을 드러내는 것이기 때문입니다. 다시 말해 그 사람의 말과 행동, 마음의 생각과 계획으로부터 성령의 열매는 여실히 드러납니다. 그러므로 그 사람의 은사적 행위가 성령님으로부터 온 것인지, 아니면 당장 배워서 하는 시늉인지, 또는 다른 영으로부터 온 것인지는 그 사람의 인격과 그의 삶을 보면 금방 분별할 수 있습니다. 또 은사는 있다가도 없을 수 있고, 상황에 따라 언제든 바뀔 수 있습니다. 하지만 성령의 열매는 언제나 있어야 합니다(갈 5:22-23). 왜냐하면 성령의 열매는 그의 전인격적 구원을 증명할 뿐만 아니라 교회를 교회답게 세우는 데 가장 필요

농부는 열매 맺기 위해 씨앗을 심는다.

농부에게 중요한 것은 열매입니다. 농부는 열매를 거두는 소망을 가지고 매일 땀을 흘리며 씨를 뿌리고 나무를 가꿉니다. 마찬가지로 성령님이 교회의 각 사람에게 은사를 주시는 목적은 그로 하여금 열매를 거두기 위해서입니다. 즉 성령님이 집사를 통해 일하시는 내용이 은사일 때, 열매는 집사의 인격인 것입니다.

선천적으로 매우 선하게 타고난 사람이 있습니다. 그래서 법 없이도 살 수 있겠다는 칭찬을 받기도 합니다. 하지만 아무리 착한 사람도 예수님만은 도저히 믿지 못하겠다는 사람들이 얼마나 많은지 모릅니다. 이처럼 도덕적으로 세상에서 선한 것과 믿음으로 하나님 앞에서 선한 것은 완전히 다른 차원입니다. 그렇기 때문에 세상의 도덕과 윤리로 교회를 건강하게 세우는 것은 불가능합니다. 또 그것으로 예수님의 인격을 닮아갈 수 없습니다.

레몬 나무는 그 줄기와 이파리서부터 이미 레몬의 신 냄새가 납니다. 마찬가지로 예수님의 인격으로서의 성령의 열매는 오직 성령의 은사적 활동을 통해 그 사람의 말과 행동에서 서서히 무르익게 됩니다. 비록 처음엔 어설플지라도 성숙한 열매로 무르익어가는 과정의 시간과 훈련에서 이미 그는 그리스도의 향기를 품어내고 있는 것입니다. 그렇게 교회는 유익을 얻어 건강하게 그리스도의 몸으로 세워집니다. 그러므로 성령님께서 은사를 주신 목적은 예수님의 인격으로서의 열매를 맺기 위함입니다.

하고 없어서는 안 될 심장과도 같은 것이기 때문입니다.

사실 오늘날 성령의 열매가 없는 교인들이 얼마나 많은지 모릅니다. 교회는 다닐지 몰라도, 그래서 호칭은 집사일지 몰라도, 불신자보다 훨씬 못 미치는 수준의 인격으로 경솔하고 거짓된 말과 행동을 하는 명목상 그리스도인들이 굉장히 많습니다. 그래서 세상으로 하여금 "차라리 교회 다닌다고 말이나 하지를 말지, 차라리 교회 집사라고 하지를 말지"라는 등의 조롱을 듣게 하며 교회 전체를 부끄럽게 하고 위축되게 만듭니다.

그러므로 은사보다 인격에서 성령의 열매를 맺어가는 것이 훨씬 중요합니다. 어떤 은사를 가지고 열심히 교회 사역에 뛰어드는 것도 매우 중요하지만, 그것보다 성령의 열매를 가지고 경건함의 영향력을 행사하는 것이 더욱 필요합니다. 그리고 무엇보다 성령의 열매는 하나님을 영화롭게 하기 때문입니다 (마 5:16).

(3) 성령의 열매는 신앙의 올곧음으로 이끕니다.

바울은 건강한 교회를 해치는 것은 다름 아닌 거짓된 은사의 남용이었음을 고린도 교회를 통해 뼈저리게 경험했습니다. 바울은 처음에 고린도 교회를 "모든 은사에 부족함이 없는"(고전 1:7) 교회로 칭찬했지만 점차 그 은사가 오히려 교회에 분쟁을 일으키는 빌미가 되었음을 지적했습니다(고전 1:6-13). 왜냐하면 자신만 옳다고 주장하는 교만한 자들에 의해 은사는 남용되기 시작했고, 이로 인해 교회는 분열되었기 때문입니다. 따라서 바울은 은사의 나타남보다 그리스도인다운 성숙한 인격을 매우 강조했습니다(고전 13장). 다시 말해 은사가 전혀 없어도 올곧은 신앙생활을 하는 것이 수백의 은사를 나타냄보다 훨씬 나은 것입니다.

올곧은 신앙이란 내 생각, 내 지식, 내 경험에 분명한 주관이 있다 하더라도 말씀이 가리키는 취지나 방향성이 나의 것과 다르다면 나의 것을 꺾고 말씀에 순종하는 마음자세를 말합니다. 그러므로 집사는 "과연 나는 얼마나 많이 알고 경험했는가?"라기보다 "과연 나는 성숙한가?, 과연 이것이 하나님 앞에서 옳은가?"를 항상 염두에 둬야 합니다. 그럴 때 성령의 열매가 맺어지고, 비로소 교회는 건강하게 세워지기 때문입니다(고전 13:11, 14:20). 그뿐만 아니라 하나님의 기쁨이 되는 것, 하나님께 영광을 올려드리는 것 또한 어떤 화려한 웅변이나 고백, 또는 큰 이적이나 지식의 나눔이 아닌 믿는 자들의 올곧은 신앙생활, 교회생활이라는 사실을 명심해야 합니다.

6. 집사

지금까지 살펴본 교회, 성령님의 교회사역, 그리고 성령의 은사와 열매를 종합하여 집사에 접목시키기 위해 집사의 배경과 가치는 무엇인지, 집사의 직분을 받은 자의 자세는 어떠해야 하는지, 집사의 역할과 위치와 그 한계는 무엇인지에 대해 성경적으로 정확히 알 수 있기를 원합니다.

(1) 집사의 배경

믿는 자들의 수가 많아지고 교회의 분포 지역이 광대해짐에 따라 사도들은 도저히 자신들만으로는 교회를 관리할 수가 없게 되었습니다. 그래서 사도들은 기도와 말씀사역에 전념하기 위해 "성령과 지혜가 충만하여 칭찬받는 사람"(행 6:3) 일곱을 택하여 '집사'의 직분을 주어 구제와 봉사와 행정 등의 일을 하게 하였는데, 이것이 오늘날 교회에 집사의 직분이 세워진 배경입니다.

한편 성경을 보면 예수님의 가르침에 따라 사도들은 교인이 집사의 직분을 받을 때 그들의 머리에 안수하였습니다. 그 이유는 당시 사도는 예수님에게 직접 받은 직분이었지만, 집사는 외형상 사람에게 받은 것이었기 때문에 그 직분을 받은 자들이 "믿음과 성령이 충만한 사람"(행 6:5)임을 교회 공동체에게 확인시켜주는 외적 증거가 필요해서였습니다. 그래서 안수는 전통적으로 축복을 베풀 때(창 48:13-20), 새로운 책임을 맡길 때(민 27:33), 임명하거나 파송할 때(행 6:6, 13:3; 딤전 5:22), 신령한 은사를 나누어 줄 때(행 8:17, 19:6; 딤전 4:14; 딤후 1:6), 오른손을 그 사람의 머리에 얹어서 행하는 중요한 예식이 되었습니다. 즉 사도들이 새로운 직분을 맡은 자들에게 안수를 행한다는 것은 그들의 직분이 제도적으로 세워짐이 아닌 성령님으로부터 세워졌음을 공식화하기 위함이며, 동시에 사도들이 자신이 가진 영적 리더십을 교회를 위해 배분하는 것을 의미합니다.

이처럼 교회 초기 사도들이 일곱 명에게 안수함으로써 집사로 세워 온전히 사도를 돕는 일을 감당할 수 있도록 하였듯이 오늘날도 마찬가지로 교인이 집사의 직분을 맡는다는 것은 곧 목사의 목회를 도와서 말씀과 기도에 전념할 수 있게 하는 데 그 목적이 있습니다. 그러므로 집사는 반드시 담임 목사님과 같은 목회적 방향성을 가지고 목회를 도울 수 있는 영성과 지성과 감성을 지니고 있어야 합니다. 이러한 중대한 이유로 목사는 매우 신중하게 집사를 구별하여 세워야 합니다(딤전 5:22). 과연 그가 성령과 지혜로 충만하여 모든 사람에게 본이 되는지, 성령의 은사와 함께 성령의 열매를 맺고 있는지를 신중하게 지속적으로 살피고 점검해야 합니다(딤전 3:6, 10).

(2) 집사의 가치

예수님은 온 밤을 기도하신 후, 다음 날 아침에 제자들을 부르시고 그중에서 열둘을 택하여 사도라 칭하셨습니다(눅 6:13). 사도는 사실 예수님이 처음으로 고안하신 용어가 아니라 당시에 보편적으로 '대리인', 혹은 '심부름꾼' 정도의 뜻으로 가볍게 통용되던 것이었습니다. 그래서 예수님은 많은 제자들 중 열두 명을 택하여 사도의 직분을 주어 말씀을 가르치고 병을 고치는 등, 당신의 사역을 감당하게 하셨습니다. 즉 사도라는 호칭은 일반적인 것이었지만 그들이 감당했던 사역은 그리스도의 권위를 대리하는 인간으로서 할 수 있는 가장 고귀한 것이었습니다.

한편 바울의 경우 그는 사역의 초기에 기록한 데살로니가 전·후서를 제외한 모든 서신의 도입부에서 자신의 사도 된 직분을 의도적으로 강조하며 밝히기 시작합니다. 왜냐하면 당시 바울을 여전히 의심하며 인정하지 못하고 경계하는 분위기에서 사도라는 직분은 교회를 지도하기 위해 반드시 필요한 신분이자 권위였기 때문이었습니다. 이렇듯 직분은 하나님께 소명을 받아 그리스도의 사역을 감당하는 것을 정당화하고 공식화하기 때문에 매우 중요합니다.

오늘날도 마찬가지입니다. 우리는 예수 그리스도를 믿음으로써 구원을 받았습니다. 동시에 그 일을 행하신 성령님께서 교회로 연합하게 하셨습니다. 그뿐만 아니라 그리스도의 사명을 집사로서 온전히 감당할 수 있도록 은사와 열매를 주셨습니다(딤후 1:9). 그러므로 집사의 직분을 감당한다는 것은 하나님의 부르심에 응답하고 그리스도의 사역을 감당하기 위해 영적 권위를 부여받았다는 점에서 매우 가치 있는 일입니다.

(3) 집사의 자세

한편 사도들은 교회 안에 집사가 많아지고 점차 제도화되어감에 따라 성령 중심이 아닌 인간 중심의 집단으로 변질되는 흐름을 경계해야만 했습니다. 따라서 집사를 받을 자에게 철저한 교리를 가르치고 엄격한 신앙윤리를 요구했습니다. 특히 교회조직과 직분에 대해 다루고 있는 디모데 전·후서와 디도서를 보면, 바울은 교회 행정이나 구조와 같은 매뉴얼보다는 집사의 영성과 자세에 거의 모든 지면을 할애하고 있음을 알 수 있습니다. 그것은 다음 세 가지입니다.

① 그리스도 안에 있는 확신

바울이 자신을 교회에 소개할 때 언제나 강조하는 바는 '그리스도 예수 안에' 있는 것이었습니다. 이것은 집사 역시 그러해야 할 것을 알려줍니다. 그래서 바울은 집사를 '그리스도의 향기'(고후 2:15)와 '그리스도의 편지'(고후 3:3)에 비유했던 것입니다. 오직 그리스도에 의해 부름을 받았다면 말이 아니라 행실에서도 그리스도가 드러나야 함이 마땅하다는 것입니다. 또 바울은 집사로서 살아가는 것이 하나님의 아들이신 예수님을 세상에 드러내는 일이기 때문에 갖가지 어려움과 고난이 분명히 따를 것이고, 때로는 적대자들과 씨름도 해야 하고, 교회 사역을 훼방하는 자들에게 조롱도 받아야 할 것을 잘 알고 있었습니다. 그렇기 때문에 집사는 자신을 통해 다름 아닌 그리스도께서 드러나는 사명을 끝까지 감당하기 위해서 '그리스도 예수 안에' 있는 확신을 분명히 가져야만 했습니다. 오늘날도 마찬가지입니다. 언제 어디서라도 집사에게 요구되는 자세는 바로 '예수 그리스도 안에' 있다는 확신을 갖는 것입니다.

② 그리스도의 겸손과 섬김

오늘날 교회에서 직분이라 하면, 일반적으로 집사를 떠올립니다. 그리고 이것은 다시 제도적인 측면에서 권사나 장로와 함께 서열이나 계급을 연상시킵니다. 하지만 성경에서 집사라고 번역된 헬라어 디아코노스(διάκονος)는 신약에 총 15번 나오는데, 집사의 호칭으로 사용된 곳은 단 3번뿐입니다(빌 1:1; 딤전 3:8, 12). 나머지는 섬기는 자(마 20:26; 막 9:35; 요 12:26), 사환(마 22:13), 하인(요 2:5, 9), 사자(롬 15:8), 일꾼(롬 16:1; 고후 3:6), 사역자(고전 3:5), 보살피는 자(갈 2:17)라는 뜻으로 사용되었습니다.

이처럼 집사는 본래 일꾼이나 하인처럼 누군가를 위해 섬기고 봉사하는 그 행위, 또는 그 자체를 일컫는 말이었습니다. 그러므로 집사라 함은 섬김의 본질, 섬김의 기초, 섬김의 이유, 섬김의 자세, 섬김의 태도, 그 자체로서의 의미를 갖습니다. 결코 무엇을 한 공로나 업적을 기리기 위한 칭호나 교회에서 누군가를 부를 때 쓰는 호칭이 아닙니다. 따라서 왕이신 예수님께서 섬김을 받지 않으시고 오히려 섬기려 하셨고, 자신의 목숨을 많은 사람의 대속물로 내어 주셨듯이 집사는 서로를 섬김으로써 예수님을 드러내는 종의 자세가 되어야 합니다.

③ 그리스도의 인격

마지막으로 바울은 무엇보다 집사의 인격을 굉장히 강조했습니다. 예수 그리스도를 드러내는 집사의 직분을 수행하기 위해서는 그리스도인으로서 합당한 인격이 갖춰져야만 했기 때문이었습니다. 그래서 바울은 자신이 특별히 아끼고 사랑한 동역자 디모데와 디도에게 교회의 지도자로서 지녀야 할 기본자세에 대해 자기 자신을 모형으로 교훈하고자 했습니다(딤후 1:3-14). 그뿐만 아니라 교회의 모든 공동체에게 그리스도인으로서의 행동강령을 가르쳤고(딛 2:11-15), 세상의 권력자들(딤전 2:2; 딛 3:1-2)과 이웃(딛 3:3-7)을 대할 때의 올바른 자세를 당부했습니다. 그리고 그 인격은 종합적으로, 그리고 최종적으로 사랑이었습니다.

이처럼 집사에게 인격을 강조한 이유는 아무리 성령님께서 은사로 충만하게 역사하신다 하더라도 그것을 직접 세상에 드러내는 것은 결국 집사의 인격에 달렸기 때문입니다. 만약 그가 말을 경솔하게 함부로 한다거나 도덕적 모범을 보이지 못한다면, 성령을 근심하게 하는 것이며, 결국 하나님의 영광을 가리는 것이기 때문입니다(살전 4:3-8). 사도 바울이 목사 디모데에게 "이와 같이 집사들도 정중하고 일구이언을 하지 아니하고 술에 인 박히지 아니하고 더러운 이를 탐하지 아니하고, 깨끗한 양심에 믿음의 비밀을 가진 자라야 할지니, 이에 이 사람들을 먼저 시험하여 보고 그 후에 책망할 것이 없으면 집사의 직분을 맡게 할 것이요"(딤전 3:8)라고 신신당부했습니다. 이처럼 오늘날과 같이 교회의 교회성이 상실된 이때에 우리는 집사의 인격을 더욱 강조하여 내부적으로나 외부적으로 교회가 세상에서 공인되고 인정되어 그리스도와 그의 복음이 전파되는 데 결코 막힘이 없도록 해야 할 것입니다.

(4) 집사의 역할과 한계

바울은 교회를 '그리스도의 몸'이라고 했습니다. 그리고 더 나아가 '그리스도는 교회의 머리' 되시며, 교인은 '그리스도의 몸 된 지체'라고 했습니다. 바울이 이렇게 진술한 목적은 교회를 살아있는 유기체로 보고 서로 연합하고 일치하여 교회의 안팎으로부터 오는 여러 공격과 미혹을 막아내고 예방하기 위해서였습니다(고전 12:24-27). 그리고 그 역할의 중심에는 언제나 집사가 있었습니다. 이처럼 바울이 말한 교회를 온전하게 세우기 위한 집사의 역할을 구체적으로 살펴보고자 합니다.

① '각 마디'로서의 역할

몸은 어느 하나 또는 한 부분만으로 온전함을 이루지 못합니다. 여러 지체가 합하여 하나의 온전한 몸이 됩니다. 그리고 머리는 몸의 여러 지체를 하나로 연합시키는 대표성을 갖습니다. 바울은 이렇게 누구나 알 만한 몸의 원리를 가지고 교회를 설명했습니다. 즉 교회의 모든 구성원이 각각의 다른 개성을 가진 지체들로 있지만 머리 되신 그리스도 예수를 중심으로 하나의 성령, 하나의 신학, 하나의 신앙으로 연합하여 서로가 서로를 위해 움직이는 유기적 조직체가 될 때 비로소 건강한 교회가 된다는 것입니다(골 2:19).

에베소서 4장 15-16절을 봅시다.

"오직 사랑 안에서 참된 것을 하여 범사에 그에게까지 자랄지라. 그는 머리니 곧 그리스도라. 그에게서 온몸이 각 마디를 통하여 도움을 받음으로 연결되고 결합되어 각 지체의 분량대로 역사하여 그 몸을 자라게 하며 사랑 안에서 스스로 세우느니라."

여기서 바울은 교회에서 집사의 역할이 그리스도의 몸을 "자라게" 하기 위함임을 강조합니다. 특히 16절에서 언급한 '각 마디'는 직분을 의미하는데, 주목해야 할 점은 머리 되신 예수님처럼 몸의 어느 구체적인 부분으로 집사를 특정하고 있지 않다는 사실입니다. 그것은 집사가 어느 특별한 위치에 고정적으로 있지 않아도 된다는 것을 의미합니다. 즉 성령의 은사에 따라, 목회적 상황에 따라 얼마든지 유동적임을 의미합니다. 어느 위치에서 무슨 일을 하든지 교회의 머리 되신 그리스도 예수로부터 나오는 생명의 에너지를 각 마디의 위치에서 몸의 전체 구성원들에게 공급해주는 역할을 하는 것이 바로 집사를 맡은 자가 해야 할 일입니다. 그러므로 교회는 집사에 의해 건강하게 세워질 수도 있고, 반대로 아닐 수도 있습니다. 그러면 이제 '각 마디'로서의 역할을 세 가지 면에서 생각해봅시다.

◎ 연결

우리 주변에는 실제로는 몸에 연결되어 있지 않은 채 주변만 맴돌고 있는 지체들이 의외로 많습니다. 또 어떤 사건을 계기로 몸에서 떨어져 나간 지체들도 많습니다. 하지만 어떤 이유이든 머리와 분리된 지체는 시간이 지날수록 죽게 될 뿐입니다. 따라서 완전히 영적으로 죽기 전에 집사는 머리와 몸의 각 마디로서 그들을 다시 머리 되신 그리스도에게 연결시키는 일을 감당해야 합니다(고전 12:24-26).

어느 청년이 교회에서 회의감을 느낀 후 온라인에 올린 글

교회에서의 인간관계는 살벌해요. 아주 맹목적으로 열심히 활동 안 하면 그곳에서 소외당하거나 배척당합니다. 토요일, 일요일 할 거 없이 교회에서 아주 살죠. 그리고 서로 주도권 잡으려고 아주 난리입니다. 특히 교회 다닌 지 얼마 안 되었다거나 믿음이 약한 사람은 주일예배만 드리고 간다면 상관이 없겠지만 청년부 활동을 할 때 얼굴에 철판 깔고 다녀야 해요. 안 그러면 적응하기 힘든 경우가 많습니다. 성경 내용도 잘 모르고, 이런저런 교회의 전반적인 것을 잘 모르기 때문에, 반면에 기존에 교회에 오래 다니던 사람들은 그런 사람에 대한 배려가 별로 없어요. 천주교나 불교는 처음부터 교리교육 몇 달간 시키고 적응도 잘하도록 도와주고, 사람들도 정말 친절하고 좋은데, 교회는 그런 점이 많이 부족합니다. 또한 직책을 맡아서 열심히 교회 활동했던 사람들도 사정상 조금 소홀해지면 믿음이 약해졌다고 하면서 사이가 멀어지고 어색해집니다. 서로 아주 친하게 지낸 사이라도 교회를 안 나가면 금방 실망했다면서 연락 끊기는 경우도 허다하구요. 그래서 교회에서 만나고 알고 지내는 사람들이 가깝고도 먼 사이라고 하죠. <후략>

◎ 격려

교회에는 강한 지체도 있지만 상대적으로 약한 지체도 있기 마련입니다. 따라서 집사는 약한 지체에게 물심양면으로 격려할 수 있어야 합니다. 또 왜, 무엇 때문에 약한지 공감하고 존중하며 품을 수 있어야 합니다.

욥의 아내

"사탄이 이에 여호와 앞에서 물러가서 욥을 쳐서 그의 발바닥에서 정수리까지 종기가 나게 한지라. 욥이 재 가운데 앉아서 질그릇 조각을 가져다가 몸을 긁고 있더니, 그의 아내가 그에게 이르되 당신이 그래도 자기의 온전함을 굳게 지키느냐 하나님을 욕하고 죽으라"(욥 2:7-9)

마틴 루터의 아내

마틴 루터가 종교개혁의 높은 벽에 부딪혀 낙심함으로 주저앉아 있을 때 그의 아내는 하나님이 죽었다면서 상복을 입었다. 그리고 "하나님이 죽지 않고서야 당신이 그렇게 실망할 리가 없다"라고 소리쳤다. 이렇게 상징적인 행동으로 루터의 아내는 남편의 영적 시련을 격려했다.

◎ 중보

교회 안에서 일어나는 모든 일은 결국 인간관계에서 비롯됩니다. 그래서 기본적인 교양이 필요합니다. 그러나 그것만으로는 어림없습니다. 왜냐하면 교회는 언제나 영적 전쟁이 벌어지는 현장이기 때문입니다. 따라서 집사는 각 지체들을 위해 항상 기도해야 하는 자리에 있어야 합니다. 즉 집사는 인간적인 방법으로 친절을 베풀기보다는 사람의 마음을 움직이시고 지키시는 성령님께 중보하는 자입니다(롬 8:27).

> ### 중보자, 예수 그리스도
>
> 당시 로마제국에게 모진 핍박을 당하던 유대인을 예수님은 어떻게 도우셨을까요? 천군 천사를 동원하여 로마를 멸망시키셨나요? 아니면 헤롯 왕처럼 로마제국에 아부했나요? 아니면 복지사업을 일으켜서 도우셨나요? 예수님의 도우심은 대신 죽으심이었습니다. 자기 자신을 십자가에 내어주시기까지 많은 인내와 사랑과 긍휼로 우리와 하나님의 사이에서 화목을 이뤄주셨습니다(히 8:6). 오늘날 예수님은 여전히 우리를 그렇게 돕고 계십니다. 그리고 이제 예수님으로부터 중보의 직분을 받은 우리의 차례입니다. 베드로가 시험에 빠질 것을 미리 아신 예수님은 이렇게 그를 위해 중보했습니다.
>
> "시몬아, 시몬아, 보라 사탄이 너희를 밀 까부르듯 하려고 요구하였으나, 그러나 내가 너를 위하여 네 믿음이 떨어지지 않기를 기도하였노니 너는 돌이킨 후에 네 형제를 굳게 하라"(눅 22:31-32).
>
> 이제 우리도 예수님처럼 교회를 위해 중보하는 직분을 감당해야 합니다.

② 목회를 돕는 역할

바울은 "그러나 우리는 분수 이상의 자랑을 하지 않고 오직 하나님이 우리에게 나누어 주신 그 범위의 한계를 따라 하노니 곧 너희에게까지 이른 것이라"(고후 10:13)고 당부하며 집사의 역할에 일정한 범위와 한계가 있음을 분명히 못 박았습니다. 그것은 자신이 받은 '분량대로' 행하는 것이었습니다. 그 목적은 집사가 그리스도께서 할당해준 분수에 따라 그 역할을 감당함으로써 과도한 욕심이나 충동, 또는 무분별한 직분의 남용으로 교회의 질서를 해치는 해악을 경계하기 위함이었습니다.

바울은 언제나 교회 안에서 목회자와 집사를 철저하게 구분하기를 원했습니다. 그래서 아볼로, 디모데, 디도와 같은 목회자들은 '동역자'로 불렀지만 뵈뵈, 루디아, 더디오, 가이오 등과 같은 집사들에게는 '하나님의 밭' 또는 '하나님의 집'으로 비유했습니다(고전 3:9). 특히 바울은 빌립보 교회의 집사 에바브로디도를 "나의 형제요, 함께 수고하고 함께 군사 된 사람이요, 나를 돕는 자"(빌 2:25)로 소개했습니다.

바울이 이렇게 목회자를 동역자로, 집사를 돕는 자로 구분하는 이유는 결코 교회 안에서 계급 차이를 두어서 목회자의 권위를 높이기 위함이 아니라 오직 교회 안에서 말씀을 가르치는 권위, 그리고 신앙의 지도와 치리와 징계의 권위를 구별하기 위함이었습니다. 그렇지 않으면 교회의 머리는 그리스도가 아닌 언제나 교만하고 목소리가 큰 자들의 차지가 될 것입니다. 그러면 교회는 말씀 중심이 아닌 사람 중심이 될 것이기 때문입니다.

교회는 세상의 사교단체가 아닌 성령님께서 주도하시는 그리스도의 몸 된 공동체가 되어야 합니다. 따라서 사람이 교회의 내용과 성격을 결정하는 것이 아니라, 머리 되신 그리스도께서 자신의 몸 된 교회의 모든 것을 결정하십니다. 이 같은 최소한의 장치는 집사로 하여금 자기 자신이 아니면 교회 일이 전혀 안 될 것처럼 행동하지 않게 하고, 목회의 일을 훼방하지 않게 하고, 자신의 뜻이 관철되어야 직성이 풀리는 오만으로 교회 질서를 어지럽히지 못하게 합니다. 그래서 바울은 집사들에게 그리스도께서 주신 분량 안에서 일하기를 요청했습니다. 열심히 헌신하는 것도 좋지만 먼저는 자신에게 주어진 믿음의 분량을 깨달을 수 있도록 경건에 더욱 힘써 은혜받게 하였고, 오히려 작은 것에 충성하게 하였습니다. 왜냐하면 각자에게 맡겨진 역할의 범위 안에서 서로 조화를 이루는 것이 먼저이기 때문입니다.

(5) 교회의 건강함은 집사에게 달렸다

누구를 어떻게 집사로 세우냐에 따라 교회는 건강하게 될 수도 있고, 전혀 아닐 수도 있습니다. 왜냐하면 인간관계나 제도로 세운 집사는 세월이 조금만 지나거나 이해관계가 틀어지면 반드시 문제를 일으키지만, 성령의 은사와 열매로 세워진 집사는 끝까지 목사의 목회를 도우며 교회를 세우기 때문입니다. 이처럼 집사의 위치는 건강한 교회를 세우기 위해 절대적으로 중요합니다. 교회가 건강해지면 활력을 얻게 되고, 그러면 그만큼 그리스도의 사역을 감당할 수 있게 됩니다. 결국 교회의 건강함은 집사에게 달렸고, 그런 집사를 세우는 일은 목사의 몫입니다.

다음 아래는 이수기 집사(의정부 한성침례교회)의 간증을 발췌한 것입니다. 단 한 명의 집사로 인해 평범한 교회가 건강해지고 활력을 얻어 급성장하게 된 롤 모델의 사례라 할 수 있습니다.

이수기 집사(한성침례교회, (주) 태향 CEO) 간증 일부(2023년 6월 18일)

제가 사업을 시작한 이유는 첫째는 담임 목사님께서 "교회에 믿음의 거부가 필요하다"라는 권유 때문이었고, 둘째는 교회에 재정적으로 복을 받은 사람이 많이 없다는 것을 보았기 때문이었습니다. 당시 교회 재정은 담임 목사님의 사례비를 제대로 드릴 수도 없는 형편이었습니다. 그래서 교회 재정을 위해 나는 사업을 해야겠다는 사명을 얻게 되었습니다. 이 사명은 너무나도 분명했습니다. 그래서 제가 첫 번째 시작한 사업의 이름이 '에봇'이었습니다. 이 사업을 시작하면서 하나님이 제게 주신 첫 번째 사명은 '주의 길을 원활하게 하고, 주의 종 목사님의 사역을 원활하게 하는 것'이었습니다. 쉽게 말하면 '목사님의 옷이 되어서 목사님의 사역에 동참하고 보호하는 역할을 감당하는 기업이 되자. 그리고 무엇보다 목사님의 사례비만큼은 밀리지 말자.' 딱 이거였습니다.

<중략>

제가 교회 재정 위원으로 있을 때였습니다. 그렇기 때문에 교회의 재정 상황을 다 알고 있었습니다. 그때 저에게 주신 하나님의 감동은 '교회 재정 지출의 우선순위가 잘못되었다'는 것이었습니다. 당시 교회 지출의 우선순위는 먼저 공과금, 임대료, 운영비 등이 먼저였고, 남는 것으로 담임 목사님의 사례비를 드리는 것이었어요. 이게 너무 마음이 아픈 거예요. 저는 이게 이해가 되지 않았어요. 하지만 저는 그때 위원의 막내였거든요. 그래서 저는 기도밖에는 할 수 있는 게 없었어요. 그렇게 시간이 지나서 제가 재정 위원장이 되었을 때, 무조건 사례비를 지출의 우선순위로 삼았어요. 그리고 남는 것으로 교회의 모든 걸 운영했습니다. 놀라운 건, 그 다음부터 한 번도 하나님께서 담임 목사님의 사례비를 밀리게 하신 적이 없습니다. 그리고 그때부터 교회 재정도 점점 더 나아지기 시작했어요. 이렇게 하나님은 복을 주셔서 교회에서 사역하실 수 있는 담임 목사님이 먼저 세워지고, 힘을 얻게 되고, 성도들의 재정 상태도 점점 늘어나고, 그렇게 교회가 복을 받게 되는 시간들을 경험하게 되었습니다.

우리가 살면서 우선순위는 정말 중요합니다. 교회에서 어떤 일들을 할 때, 우선순위를 뭐로 정하느냐에 따라서 교회의 부흥과 성장은 결정됩니다. 그리고 장로와 권사와 집사, 곧 교회의 제직은 교회 운영에 대한 책임을 져야 합니다. 이것은 목사님이 하셔야 할 일이 아닙니다. 왜 우리에게 직분을 주셨을까요? 교회의 살림을 돌아보라고요. 목사님은 말씀 증거하고 선포하는 것입니다. 그런데 이것이 당연하지만 쉽지 않습니다. 그렇게 되지 않는 경우가 너무나도 많습니다. 그런데 하나님이 복 주시는 교회는 분명합니다. 이 우선순위가 바뀌지 않습니다. 이 우선순위대로 성도들이 사역하고 헌신하는 교회는 반드시 부흥합니다.

<후략>

7. 결론

우리가 지금까지 알아왔던 교회와 성령의 은사와 열매, 그리고 집사는 모두 성령님 안에서 동의어라 할 수 있습니다. 그리고 사랑으로 다시 하나가 됩니다. 그러므로 이 세 가지 중에서 어느 것 한 가지라도 부족하다면 성숙한 그리스도인이라 할 수 없으며, 건강한 교회를 세울 수도 없습니다.

제2단계

성령의
은사 발견하기

제2단계 성령의 은사 발견하기

존 웨슬리(1703-1791)
오늘 주님이 저를 이끄시는 모든 곳, 모든 사람, 그리고 일 속에서
주님이 제 마음에 항상 있게 하시고, 주님의 사랑이 제 영혼을 채우고 다스리소서

우리는 1단계 부록에서 교회와 성령의 불가분의 관계에 대해서, 성령님이 교회에 은사와 열매를 주시는 과정과 목적에 대해서, 그리고 교회 집사의 역할과 자세에 대해서 알았습니다. 그리고 마지막으로 집사와 은사와 열매, 이 세 가지 중 어느 것 하나라도 부족하게 되면 성숙한 그리스도인도, 건강한 교회도 될 수 없다는 결론을 내리는 데 동의했습니다. 그렇다면 이제 지금까지 배운 이론을 토대로 먼저 자신의 신앙생활을 점검하길 바랍니다. 그리고 그 믿음 위에 성령께서 주신 은사가 무엇인지를 발견하고 서로 나누길 바랍니다.

1. 왜 신앙을 점검받아야 하는가?

바울은 "너희는 믿음 안에 있는가 너희 자신을 시험하고 너희 자신을 확증하라 예수 그리스도께서 너희 안에 계신 줄을 너희가 스스로 알지 못하느냐 그렇지 않으면 너희는 버림 받은 자니라"(고후 13:5)고 말하며 망하는 길로 가고 있는 고린도 교회 신앙의 정상화를 촉구했습니다. 오늘날 교회의 신앙도 마찬가지로 세속화, 다원화, 혼합화되어 교회의 교회성을 상실한 채 어찌할 바를 모르고 있습니다.

교회가 이렇게 된 데에는 단 하나의 이유 때문입니다. 그것은 목사가 교인 개개인의 신앙을 점검하지 못하고 있기 때문입니다. 그러므로 분명 거듭나지 못했음에도 아무 문제의식 없이 그저 교회만 왔다 갔다 하는 명목상 그리스도인들이 넘쳐나게 된 것은 모두 목사의 책임입니다. 따라서 목사는 건강한 신앙과 건강한 교회를 세우기 위해서는 반드시 다음 두 가지의 믿음을 점검해야 합니다.

(1) 당신은 과연 물과 성령으로 거듭났습니까?

첫째로 점검해야 할 믿음은 거듭남의 믿음입니다. 예수님은 분명히 "진실로 진실로 네게 이르노니 사람이 거듭나지 아니하면 하나님의 나라를 볼 수 없느니라"(요 3:3)고 말씀하셨습니다. 즉 거듭남이란 예수님의 십자가와 부활을 믿음으로 마귀의 노예에서 하나님의 자녀로, 멸망에서 영생으로, 사망에서 생명으로 옮겨지는 사건입니다. 이 사건은 그야말로 엄청난 재창조의 사건으로서 물과 포도주가 완전히 다르듯 그 전과 후는 완전히 다를 수밖에 없습니다.

오늘날 거듭남의 점검 없이 교회만 다니는 명목상 그리스도인들이 너무나 많습니다. 특히 대형 교회일수록 목사는 그 많은 교인을 일일이 점검할 수 없기 때문이고, 교인들도 역시 번듯한 교회 간판 아래의 집사, 권사, 장로라는 명찰이 자신의 거듭남을 증명한다고 믿기 때문입니다. 또 그런 사람들끼리 모여서 자신을 속이는 말을 서로 주고받으며 안전하다고 믿고 있기 때문입니다. 따라서 이와 같은 사실을 점검해야 합니다.

(2) 당신은 과연 성결한 삶을 살고 있습니까?

거듭남으로 모든 것이 끝났습니까? 아닙니다. 거듭남으로 하나님의 자녀가 되었으면 자녀로서 살아가는 성결이 필요합니다. 성결이란 받은 영생을 지키는 믿음입니다. 즉 예수님을 믿음으로서 좁은 문을 열었으면 예수님과 함께 좁은 길을 하루하루 걸어가는 경건이 필요합니다. 바로 이런 성결한 삶을 점검해야 합니다.

예수님은 "내가 너희에게 이르노니 너희 의가 서기관과 바리새인보다 더 낫지 못하면 결단코 천국에 들어가지 못하리라"(마 5:20)고 단언하셨습니다. 또 "나더러 주여 주여 하는 자마다 천국에 다 들어갈 것이 아니요 다만 하늘에 계신 내 아버지의 뜻대로 행하는 자라야 들어가리라"(마 7:21)고 말씀하셨습니다. 이 외에 성결한 삶을 요구하는 말씀이 복음서에서 거의 70% 이상을 차지할 정도로 예수님은 구원받은 자의 성결한 삶을 강조하셨습니다. 구원받은 자는 구원받은 자로서의 생각과 말과 행동을 하기 마련입니다. 하나님의 자녀는 그 신분에 어울리는 옷을 입게 되어 있습니다. 신앙과 생활은 결코 분리될 수 없습니다. 그러므로 거듭남의 열매는 성결입니다. 동시에 성결은 거듭남을 지키기 위한 유일한 방법입니다.

얼마든지 스스로를 그리스도인이라 말할 수 있습니다. 하지만 인격에서 드러나는 성령의 열매는 결코 흉내 낼 수 없습니다. 회개에 합당한 열매, 빛의 열매, 의의 열매도 마찬가지입니다. 왜냐하면 예수님께서 "그들의 열매로 그들을 알지니 가시나무에서 포도를, 또는 엉겅퀴에서 무화과를 따겠느냐"(마 7:16)라고 말씀하셨기 때문입니다. 성경은 누구든지 예수를 믿으면 구원을 얻을 것을 증거합니다. 하지만 또 한편에서는 누구든지 받은 구원을 잃을 수 있음도 똑같은 무게로 경고합니다(겔 33:12; 히 6:4-6). 우리에게 구원을 주시는 하나님은 한계가 없고, 그분의 사랑은 무한합니다. 하지만 그 구원을 받은 우리는 항상 질그릇처럼 깨지기 쉽고 연약합니다. 그러므로 우리는 우리의 구원을 두렵고 떨림으로 지키기 위해 성결을 잃지 않고 지켜야 하는 책임을 다해야 합니다(빌 2:12). 집사의 사명은 성령으로 충만하여 온전한 그리스도인으로서 사는 것입니다. 그렇기 때문에 우리는 신앙을 반드시 점검받아야만 합니다.

(3) 가장 불행한 그리스도인

김남준 목사는 그의 저서 《목자와 양》에서 다음과 같이 말합니다.

> "성도는 교회에서 목양을 받아야 하는 사람이지 사육의 대상이 아닙니다. 목양과 사육은 엄연히 다릅니다. 쉽게 말해 사육의 현장이 돼지 농장이라면 목양의 현장은 학교와 같습니다. 학교는 비록 깎이는 아픔이 있지만 깨달음이 있고, 감화가 있으며, 성숙의 기쁨이 있습니다. 하지만 돼지 농장은 그렇지 않습니다. 그곳에는 고뇌가 없습니다. 그저 입맛에 맞는 사료를 먹으며, 편하게 지낼 뿐입니다. 불행하게도 성도들은

계속 입맛에 맞는 말만 해주기를 원하고, 복잡하고 골치 아픈 것은 싫고, 그저 편하고 쉽게만 살려 합니다. 성도들이 깎이고 부서지는 목양의 길을 가야 그리스도를 제대로 알고 참된 성도로 만들어지는데, 그 길을 꺼려 하니 오늘날 우리 시대의 교회가 이렇게 어려워질 수밖에 없는 것입니다. 복음에 대한 잘못된 선입견이나 자신의 그릇된 삶과 생각의 틀을 버리는 일 없이, 단지 지속적인 체험이나 지식의 축적을 통하여 그리스도를 닮아 갈 수 있다고 생각하는 것은 거룩하신 하나님에 대한 모욕입니다."

가장 불행한 그리스도인은 단 한 번도 자신의 신앙을 담임 목사에게 점검받지 못한 사람이라 할 수 있습니다. 왜냐하면 "주께서 그 사랑하시는 자를 징계하시고 그가 받아들이시는 아들마다 채찍질하심이라 하였으니, 너희가 참음은 징계를 받기 위함이라 하나님이 아들과 같이 너희를 대우하시나니 어찌 아버지가 징계하지 않는 아들이 있으리요. 징계는 다 받는 것이거늘 너희에게 없으면 사생자요 친아들이 아니니라"(히 12:6-8)고 말씀하셨기 때문입니다.

방구석 신앙을 경계합시다

다음은 방구석 신앙을 가진 교인들의 일괄적인 생각들입니다.
"나는 신앙서적을 수없이 읽었고, 제자훈련을 수없이 많이 해봐서 이미 다 압니다."
"나는 지난 2년 동안 구글링을 통해 성경을 통달했습니다."
"목사님, 제 신앙은 걱정 안 하셔도 됩니다. 저는 하루도 빠지지 않고 말씀과 기도로 충만합니다."
"나는 매일 유튜브로 말씀 듣고 예배하기 때문에 굳이 교회 모임에 나갈 필요가 없다고 생각합니다."
"저는 제 남편(아내)이 전해주는 말씀에 은혜를 받고 그에게 신앙을 점검받습니다."

오늘날 신앙생활을 좀 해봤다고 하는 그리스도인들의 특징은 목사가 뭐라고 하든지 언제나 자기 소견에 옳은 대로만 행하는 방구석 신앙을 가지고 있다는 것입니다. 왜냐하면 내 식대로 말씀 읽고 깨달은 내 신학과 내 신앙이 언제나 옳다고 생각하기

> 때문입니다. 그렇기에 자신의 방구석에만 앉아 있는 자들은 제대로 된 목회적 양육과 돌봄을 경험한 적이 매우 오래되었거나 아예 없고, 성도의 교제를 통해 깎이고 다듬어진 적도 없어서 굉장히 자기중심적이고 이기적인 신앙의 형태를 갖습니다. 그리고 "나는 다 안다"는 식으로 인생을 이미 영적으로 통달한 듯한 신앙의 생활양식으로 담임 목사의 목양을 비웃거나 거부합니다. 오로지 얕은 성경 지식을 가지고 자신의 그릇된 생각을 정당화하고 거룩하게 포장하려는 말의 기술만 가지고 있을 뿐, 순종과 헌신, 인내와 절제, 특히 교회를 향한 사랑과 충성은 찾아보기 어렵습니다.
>
>   아무리 깨끗한 물도 흐르지 않고 고여 있으면 반드시 썩습니다. 마찬가지로 자신만의 방구석 안에 스스로 갇힌 채 목회자의 양육과 돌봄 없이 영적으로 고립된 상태에 이르게 되는 것만큼 위험한 것은 없습니다. 왜냐하면 방구석 안에만 갇혀 있어서는 자신을 되돌아볼 수 있는 시력이 점차 퇴화되기 때문입니다. 오늘날 코로나 팬데믹 이후로 온라인 예배가 발달하고 유튜브와 같은 매체를 통해 자기가 듣기 좋아하는 말씀만을 골라먹는 시대가 된 만큼 특별히 이와 같은 방구석 신앙을 경계해야 합니다.

2. 신앙생활 점검하기

  예수님을 믿고 거듭나서 그리스도의 몸 된 교회의 한 지체가 된 교인은 이미 성령님으로부터 은사를 받았습니다. 하지만 은사에 대한 올바른 성경적 지식이 없다면 거짓된 은사에 미혹되기 십상입니다. 그러나 성경말씀을 올바로 안다면 교회의 유익을 도모하고, 덕을 세우며, 안전하고 건강한 신앙생활을 하게 됩니다. 그리고 자신의 받은 은사를 소멸치 않기 위해서, 그리고 더 큰 은사를 사모하기 위해서 성령 충만한 상태를 유지하려고 할 것입니다.

  이런 이유에서 자신에게 주어진 은사를 확인하고자 하는 노력은 교회와 개인에게 매우 좋은 일입니다. 다만 그러기 위해 우리는 개인의 신앙생활을 먼저 점검해야 할 필요가 있습니다. 왜냐하면 이미 잘 알고 있듯이 성령님은 당신의 교회를 위해 잘못된 신학과 신앙과 삶에 은사를 결코 주시지 않기 때문입니다. 굳이 은사를 발견하기 위한 목적이 아니더라도 내가 그리스도 안에서 연합되어 있는지, 성령님이 나와 함께하시는지, 그래서 어떤 신앙의 열매를 맺고 있는지를 재차 확인하고 점검하는 일은 매우 중요합니다(요일 4:1).

이제부터 15가지 질문에 진솔하게 답해보십시오. 어떤 모범 답안이 있을 것이라고 생각하지 마십시오. 그리고 사생활 때문에 난처하거나 잘 모르는 질문에 굳이 답할 필요는 없습니다. 기도하는 마음으로 자신의 신앙을 진솔하게 점검해 봅시다.

① '그리스도인'이란 어떤 의미입니까? (행 11:25-26)

_____
_____
_____
_____
_____

② 당신은 최초에 어떻게 그리스도인이 되었습니까?

_____
_____
_____
_____
_____

③ 당신은 그리스도인으로서 성결한 삶을 지키기 위해 무엇을 가장 중요하게 여기고 있으며, 그것을 위해 어떤 계획을 세우고 노력하고 있나요?

_____
_____
_____
_____
_____

④ 당신의 삶에서 성령 충만을 자꾸 빼앗는 것은 무엇인가요? 그리고 그것을 해결하기 위해 어떤 방법을 취하고 있나요?

⑤ 교회를 무엇이라고 생각합니까? 당신에게 교회는 어떤 존재인가요?

⑥ 당신이 교회에서 교인들과 교제할 때, 교제의 내용은 대체로 무엇입니까?

⑦ 당신에게 주일 예배는 어떤 의미입니까? 그리고 예배를 준비하고, 드리는 자세는 어떠해야 한다고 생각하나요?

⑧ 당신은 주일 예배를 지키기 위해 개인적인 계획을 수정하거나 꺾은 일이 있나요? 만약 있다면 나눌 수 있나요?

⑨ 당신은 회개하는 일에 빠릅니까? 더딥니까?

⑩ 당신은 회개에 합당한 열매를 맺고 있습니까? 만약 그렇다면 최근의 것은 무엇인지 나눌 수 있나요?

⑪ 당신이 믿는 복음에 대해 간략하게 설명할 수 있습니까? (롬 1장)

⑫ 당신은 하나님과 어떻게 교제하십니까?

_____
_____
_____
_____
_____

⑬ 현재 당신의 삶에서 성령의 열매가 맺어지고 있습니까?   네 ☐   아니오 ☐

⑭ 만약 당신이 오늘 밤에 죽어서 천국 문 앞에 섰는데, 하나님이 "사랑하는 내 ○○○야. 내가 너를 나의 천국에 들여보내야 할 이유가 있다면 무엇이겠느냐?"라고 물으신다면 당신은 무엇이라고 대답하시겠습니까?

_____
_____
_____
_____
_____
_____

⑮ 당신은 예수 그리스도의 재림을 사모합니까?   네 ☐   아니오 ☐
만약 그렇다면, 또는 그렇지 않다면, 그 이유는 무엇입니까?

_____
_____
_____
_____
_____

3. 은사 발견을 위한 설문

이 설문은 성령님이 주신 은사를 확인하는 데 필요한 기초적인 데이터를 제공해 줍니다. 따라서 그리스도인으로서의 성숙을 목적으로 기도하고, 고민하면서 설문을 작성할 수 있길 바랍니다. 그리고 이후에 서로의 결과물을 함께 나누고, 발견된 은사를 더욱 발전시키고 개발시킬 수 있기를 바랍니다.

번호	3-매우 그렇다 2-대체로 그렇다 1-거의 그렇지 않다 0-전혀 그렇지 않다 설문	체크			
1	나는 시간과 장소를 가리지 않고 힘들어하는 사람에게 성경 말씀으로 위로하려고 애쓰는 편이다.	3	2	1	0
2	나는 한번 사람들과 관계를 맺으면 오랫동안 지속하며, 그들의 삶에 어느 정도의 선한 영향력을 끼친다.	3	2	1	0
3	나는 아무리 사소한 문제라도 하나님께 먼저 기도하고 결정한다.	3	2	1	0
4	사람들은 나의 도움으로 옳고 선한 것을 선택할 수 있었다고 종종 말한다.	3	2	1	0
5	나는 현재 중보 기도하고 있는 대상이 있으며, 성실히 기도하고 있다.	3	2	1	0
6	나는 담임 목사님을 위해 틈틈이 기도한다.	3	2	1	0
7	나는 거짓된 믿음, 거짓된 말씀, 거짓된 영을 느낌이 아니라 성경 말씀에 근거하여 분별할 수 있다.	3	2	1	0
8	나는 나의 재정을 하나님의 나라를 위해 사용하기 위해 관리하고 있다.	3	2	1	0
9	내가 기도하는 목적은 말씀을 순종하기 위함이다.	3	2	1	0
10	나는 교회에서 사람들에게 섬기기 위해 먼저 다가간다.	3	2	1	0
11	사람들은 나에게 쉽게 마음을 열어준다.	3	2	1	0
12	나는 불신자들을 자주 만나는 편이며, 그때마다 그들에게 복음을 전하고자 노력한다.	3	2	1	0
13	나는 교회 손님들에게 대접하는 것을 좋아한다.	3	2	1	0
14	교회 안의 어떤 모임에서 결정을 내려야 할 때, 내가 어떤 의견을 내면 사람들이 경청하고 잘 따른다.	3	2	1	0
15	교회가 행정적으로 취약할 때면, 나는 적극적으로 교회를 세우기 위해 앞장선다.	3	2	1	0

번호	설문	체크			
	3-매우 그렇다　2-대체로 그렇다　1-거의 그렇지 않다　0-전혀 그렇지 않다				
16	(현재 또는 과거에) 내가 예수님의 이름으로 기도하면, 질병이 치유되고 마귀가 쫓겨 나간다.	3	2	1	0
17	나는 담임 목사님으로부터 책망을 들은 적이 있고, 그때 진심으로 나 자신을 돌아보며 회개한 적이 있다.	3	2	1	0
18	나는 주일 설교 말씀을 가지고 일주일 동안 살아간다.	3	2	1	0
19	나는 하나님의 일을 하는 것이 세상의 일보다 훨씬 값지다고 생각한다.	3	2	1	0
20	나의 마음이 요동칠 때면 성경 말씀을 생각하거나 찾아 읽으면서 마음을 다스린다.	3	2	1	0
21	나는 악한 영 또는 악한 사람을 상대할 때 예수님의 이름으로 기도한다.	3	2	1	0
22	목사님에게 어떤 일을 부탁받으면 순종하는 마음으로 즐겁게 하려고 노력한다.	3	2	1	0
23	나는 말씀을 듣고 깨달음이 오면, 주저하지 않고 바로 실천에 옮기거나 잘못된 점을 적극적으로 고친다.	3	2	1	0
24	나는 믿음이 약한 교인의 영적 성장을 위해 헌신하고자 하는 열망이 있다.	3	2	1	0
25	나는 십일조에 대해 올바르게 이해하고 있으며, 십일조 생활을 하고 있다.	3	2	1	0
26	나는 나의 믿음과 인격에 있어서 어떤 부분이 가장 취약하며, 고쳐야 할 부분이 무엇인지 잘 알고 있다.	3	2	1	0
27	사람들은 내가 전해준 성경 말씀 덕분에 하나님께 더 가까이 갈 수 있다고 종종 말한다.	3	2	1	0
28	나는 교회가 정한 사역의 방향에 교인들을 참여시키려고 적극적으로 권면하고 격려한다. 그러나 무조건 하지 않고, 때에 따라 절제하며 지혜롭게 한다.	3	2	1	0
29	나는 교회 안에서 잘못된 언행을 하는 사람에게 성경말씀을 전해주며 권면한다. 그러나 무조건 하지 않고, 때에 따라 절제하며 지혜롭게 한다.	3	2	1	0
30	나는 여유가 있지는 않지만 섬기고 베푸는 것이 즐겁다.	3	2	1	0
31	교인들이 나의 도움으로 자신들의 사역을 더욱 잘 감당하게 되었다고 말한다.	3	2	1	0
32	물질적으로 도움이 필요한 사람들을 아무 조건 없이 도운 적이 종종 있다.	3	2	1	0
33	나는 불신자들에게 내가 예수를 믿고 구원받은 과정이나 하나님으로부터 받은 은혜를 간증한다.	3	2	1	0
34	내가 아이들에게 성경 이야기를 들려주면 잘 경청한다.	3	2	1	0

번호	설문	체크			
	3-매우 그렇다　　2-대체로 그렇다　　1-거의 그렇지 않다　　0-전혀 그렇지 않다				
35	비록 현실적으로 불가능한 일이지라도 나는 믿고 기도한다.	3	2	1	0
36	나는 교회에서 사소하고 귀찮은 일들을 도맡아 하는 편이다.	3	2	1	0
37	나는 효율적인 교회 사역을 위해 아이디어를 내고, 계획하는 일이 즐겁다.	3	2	1	0
38	나는 특별히 몸과 마음이 아프고 연약한 사람을 위해 기도할 때가 많다.	3	2	1	0
39	나는 하나님이 기뻐하시는 기도와 정욕적인 기도를 구분할 수 있다.	3	2	1	0
40	나는 성경 말씀을 종종 암송한다.	3	2	1	0
41	나는 담임 목사님의 목회에 힘을 실어주는 편이다.	3	2	1	0
42	누군가로부터 기도 부탁을 받으면 책임감을 갖고 기도한다.	3	2	1	0
43	나는 이단적인 교리나 사조(思潮)를 분별할 수 있다.	3	2	1	0
44	나는 특별한 기술은 없지만 교회가 요청하면 일단 순종하는 마음으로 감당하는 편이다.	3	2	1	0
45	나는 복음을 전하는 데 두려움이나 부끄러움이 없다.	3	2	1	0
46	나는 불신자들과 대화하더라도 종종 성경을 얘기한다.	3	2	1	0
47	나는 교회 사역을 감당하기 위해서라면, 비록 초라해 보일지라도 여태껏 즐겁게 해왔다.	3	2	1	0
48	나는 내 신학과 신앙과 삶을 종종 담임 목사님께 점검받는다.	3	2	1	0
49	나는 지금 예수님과 함께 좁은 길을 걷고 있다.	3	2	1	0
50	나는 불신자와 어울릴 때, 그리스도인으로서 부끄러운 일을 하지 않으려고 신경 쓴다.	3	2	1	0
51	나는 어떤 어려움이 나에게 닥쳤을 때, 이겨내기 위해 해결될 때까지 며칠이든 상관없이 금식하며, 부르짖으며 하나님께 기도한다.	3	2	1	0
52	나의 헌금이 하나님의 나라를 위한 교회 사역에 쓰이게 해달라고 예배시간마다 진심으로 기도한다.	3	2	1	0
53	나는 교회 모임 중에 누가 원망하고 불평하면, 삼갈 것을 말씀을 인용하며 정중하게 권고한다.	3	2	1	0
54	내 주위에 일어나는 사건들이 하나님의 뜻인지 아닌지를 분별할 수 있다.	3	2	1	0
55	내가 기도하는 목적은 어떤 큰 기적을 바라는 것이 아니라 나의 요동치는 마음을 말씀으로 지키기 위해서다.	3	2	1	0

	3-매우 그렇다 2-대체로 그렇다 1-거의 그렇지 않다 0-전혀 그렇지 않다				
번호	설문		체크		
56	나는 교회에서 어떤 일에 봉사하거나 누구를 위해 섬길 때, 항상 그리스도의 섬김을 생각한다.	3	2	1	0
57	어떤 특수한 일이 닥치면, 그 상황을 통해 하나님이 나에게 무슨 말씀을 하시는지, 어떤 계획이 마련되어 있는지를 알기 위해 말씀을 살피고 기도하며 노력한다.	3	2	1	0
58	나의 지식, 경험, 이론으로 옳다고 여겼던 것이 설교나 제자훈련을 통해 틀렸다고 인정된 적이 있다.	3	2	1	0
59	성경을 묵상함이 정말 즐겁다.	3	2	1	0
60	나는 말씀을 읽고 깨달은 것을 교인들과 함께 나누고 고백하는 것이 즐겁다.	3	2	1	0
61	나는 배우자와 함께 진지하게 교회, 말씀, 사역 등을 주제로 긍정적이고 건설적인 대화를 나눈다.	3	2	1	0
62	나는 하나님께서 내 필요를 모두 채워주시리라 확신하기 때문에 재정적으로 부족할지라도 근심하지 않으려고 노력한다.	3	2	1	0
63	남을 돕거나 베풀 때, 가급적 아무도 모르게 한다.	3	2	1	0
64	소질이 없어도 교회가 필요로 하다면 도전해보고 싶다.	3	2	1	0
65	교회에 손님이 올 때마다 나는 항상 그들을 대접하기 위해 노력한다.	3	2	1	0
66	나는 어떤 인물이나 일에 대해 평가하기보다 감사하는 편이다.	3	2	1	0
67	나는 아픈 교인이 생기면, 부탁하지 않아도 그를 위해 기도한다.	3	2	1	0
68	나는 육신의 정욕을 통제하는 데 문제없다.	3	2	1	0
69	나는 예배 때마다 하나님이 나를 부르시고 교제하시고자 하신다는 것을 확실히 느낀다.	3	2	1	0
70	나는 점차 온전한 그리스도인으로 성결하게 바뀌고 있는 중이다.	3	2	1	0
71	과거에 즐거웠던 세상적인 것들이 이제는 성령 충만을 방해하는 죄로 느껴져서 싫다.	3	2	1	0
72	인생의 모든 문제는 말씀에서 해결책을 찾을 수 있다고 믿는다.	3	2	1	0
73	나에게 교회의 어떤 일이 주어지면 끝까지 성실하게 책임지려고 노력하는 편이다.	3	2	1	0
74	나는 순종과 헌신의 삶을 살기 위해 주일 예배의 광고시간을 주목한다.	3	2	1	0

번호	설문	체크			
	3-매우 그렇다 2-대체로 그렇다 1-거의 그렇지 않다 0-전혀 그렇지 않다				
75	어려운 형편의 사람을 위해 기도할 때, 가슴이 뜨거워진다.	3	2	1	0
76	나는 말씀 중심으로 기도하려고 노력한다.	3	2	1	0
77	어린이 사역은 정말 중요하기 때문에 직접적으로 또는 간접적으로 도움을 주려고 노력한다.	3	2	1	0
78	나는 기도할 때, 가급적 예수님이 가르쳐 주신 자세와 방법, 그리고 장소에서 기도하려고 노력한다.	3	2	1	0
79	나는 혼자 있을 때에도 하나님이 보고 계신다는 마음가짐으로 성실하고 정직하게 행동하려고 노력한다.	3	2	1	0
80	나의 재능이 교회 사역에 도움이 된다면 적극적으로 봉사할 것이다.	3	2	1	0
81	성경이 "아니다"라고 한다면, 어떤 손해가 나더라도 감수한다.	3	2	1	0
82	나는 예배를 통해 더 은혜 받고 싶은 욕심이 있어서 좀 더 일찍 나와 기도한다.	3	2	1	0
83	나는 뒤에서 조용히 드러내지 않고 섬기는 것이 좋다.	3	2	1	0

☞ 이제 제2단계 부록으로 가서 설문조사에 대한 해설을 참고하며 진단해봅시다.

제2단계 부록

이제 교인은 스스로 작성한 '은사 설문조사'와 아래의 '은사 설문조사 해설'을 비교하면서 검토해보시길 바랍니다. 그러면서 각각의 은사에 대한 해설과 함께 자신을 스스로 진단해보시길 바랍니다.

그리고 나머지는 모두 목회자가 해야 할 일들입니다. 먼저 목회자는 거듭남이 없이는 집사로 세울 수 없다는 원칙을 가지고 비록 시간이 걸리더라도 교인이 '신앙생활 점검'한 것을 정성을 다하여 살피고 격려하면서 그들의 신앙을 지도해야 합니다.

또 목회자는 교인이 작성한 '83항 설문조사'를 토대로 은사 발견 데이터와 그래프를 도출하기 위한 방법과 예시와 해설을 참고하여 각각의 결과를 얻어낸 후, 교인들에게 나눠주고, 해석해 주면서 교인들로 하여금 자신의 믿음을 점검하고, 은사를 확인할 수 있도록 인도해 주어야 합니다. 그러면 교인은 자신의 영적 상태를 알고, 더욱 자신 있는 열정을 가지고 교회 사역에 참여하며, 교회에 덕을 세우고 유익을 끼치는 건강한 신앙생활을 할 수 있게 될 것입니다.

1. 은사 설문조사 해설

번호	설문	(점수) 해설
1	나는 시간과 장소를 가리지 않고 힘들어하는 사람에게 성경 말씀으로 위로하려고 애쓰는 편이다.	( ) **권면, 자비** – 하나님의 말씀만큼 능력 있는 위로는 없다.
2	나는 한번 사람들과 관계를 맺으면 오랫동안 지속하며, 그들의 삶에 어느 정도의 선한 영향력을 끼친다.	( ) **다스림, 권면** – 좋은 인간관계는 모든 은사활동의 기초가 된다.
3	나는 아무리 사소한 문제라도 하나님께 먼저 기도하고 결정한다.	( ) **영 분별** – 사소한 것이라도 하나님께 먼저 물을 때 영 분별이 생긴다.

번호	설문	(점수) 해설
4	사람들은 나의 도움으로 옳고 선한 것을 선택할 수 있었다고 종종 말한다.	( ) **권면, 지혜** – 하나님의 말씀으로 권면할 수 있는 지혜가 필요하다.
5	나는 현재 중보 기도하고 있는 대상이 있으며, 성실히 기도하고 있다.	( ) **믿음, 능력** – 의인의 간구에는 능력이 있다(약 5:16).
6	나는 담임 목사님을 위해 틈틈이 기도한다.	( ) **행정** – 교회가 집사를 세우는 까닭은 목회자의 목회를 돕기 위해서다(행 6:2-3).
7	나는 거짓된 믿음, 거짓된 말씀, 거짓된 영을 내 느낌이 아니라 성경 말씀에 근거하여 분별할 수 있다.	( ) **지식, 지혜, 영 분별** – 말씀은 참과 거짓을 분별하는 절대적 기준이 된다.
8	나는 나의 재정을 하나님의 나라를 위해 사용하기 위해 관리하고 있다.	( ) **대접** – 재물이 있는 곳에 마음이 있다(딤전 6:17; 요일 3:17).
9	내가 기도하는 목적은 말씀을 순종하기 위함이다.	( ) **가르침, 믿음, 능력** – 기도는 말씀과 삶 사이의 괴리를 좁히거나 없애준다. 말씀을 순종함은 곧 그리스도인의 가장 큰 능력이다(딤전 4:5).
10	나는 교회에서 사람들에게 먼저 섬기기 위해 다가간다.	( ) **전도, 섬김** – 전도와 섬김은 항상 병행한다.
11	사람들은 나에게 쉽게 마음을 열어준다.	( ) **치유, 자비** – 약한 자를 돌보며 세울 때 교회는 건강하게 연합된다(빌 2:1-4)
12	나는 불신자들을 자주 만나는 편이며, 그때마다 그들에게 복음을 전하고자 노력한다.	( ) **전도** – 복음을 전할 자를 붙여주시는 분은 성령님이다.
13	나는 교회 손님들에게 대접하는 것을 좋아한다.	( ) **대접** – 재물과 관련된 일은 언제나 자진하여 즐거움으로 해야 한다.
14	교회 안의 어떤 모임에서 결정을 내려야 할 때, 내가 어떤 의견을 내면 사람들이 경청하고 잘 따른다.	( ) **다스림, 지혜** – 지혜로운 자는 언제나 겸손하여 훈계를 경청한다(잠 5:23). 겸손한 자가 다스릴 수 있다.
15	교회가 행정적으로 취약할 때면, 나는 적극적으로 교회를 세우기 위해 앞장선다.	( ) **행정** – 목회자가 목양에 전념할 수 있도록 부수적인 일들을 돕는 세심함과 적극성이 필요하다.

번호	설문	(점수) 해설
16	(현재 또는 과거에) 내가 예수님의 이름으로 기도하면, 질병이 치유되고 마귀가 쫓겨 나간다.	( ) **치유, 능력** – 예수의 이름에는 몸과 마음의 약함을 치유하는 능력이 충만하다.
17	나는 담임 목사님으로부터 책망을 들은 적이 있고, 그때 진심으로 나 자신을 돌아보며 회개한 적이 있다.	( ) **지식, 권면** – 먼저 근신하고 깨어있을 줄 아는 자가 권면도 할 수 있다.
18	나는 주일 설교 말씀을 가지고 일주일 동안 살아간다.	( ) **영 분별, 지식, 믿음** – 모든 신앙의 기초는 예배에서 비롯된다.
19	나는 하나님의 일을 하는 것이 세상의 일보다 훨씬 값지다고 생각한다.	( ) **섬김** – 교회는 섬기는 곳이다. 섬김은 하나님 나라의 기본 속성이다.
20	나의 마음이 요동칠 때면 성경 말씀을 생각하거나 찾아 읽으면서 마음을 다스린다.	( ) **치유, 지혜** – 지혜로운 자는 하나님의 말씀으로 자신의 감정을 조절할 줄 안다.
21	나는 악한 영 또는 악한 사람을 상대할 때 예수님의 이름으로 기도한다.	( ) **믿음, 능력** – 믿음은 반드시 능력으로 나타난다.
22	목사님에게 어떤 일을 부탁받으면 순종하는 마음으로 즐겁게 하려고 노력한다.	( ) **행정** – 집사의 사역은 목사님이 말씀과 기도에 전무할 수 있도록 돕는 것이다.
23	나는 말씀을 듣고 깨달음이 오면, 주저하지 않고 바로 실천에 옮기거나 잘못된 점을 적극적으로 고친다.	( ) **능력** – 말씀을 순종함이 곧 그리스도인의 능력이다. 순종은 사소한 것에서부터 시작된다.
24	나는 믿음이 약한 교인의 영적 성장을 위해 헌신하고자 하는 열망이 있다.	( ) **자비, 사역** – 예수님의 사역은 마음이 연약한 자들에게 집중되었다.
25	나는 십일조에 대해 올바르게 이해하고 있으며, 십일조 생활을 하고 있다.	( ) **행정, 사역** – 교회 행정은 십일조를 드리는 믿음에 기반을 두어야 마땅하다.
26	나는 나의 믿음과 인격에 있어서 어떤 부분이 가장 취약하며, 고쳐야 할 부분이 무엇인지 잘 알고 있다.	( ) **영 분별** – 자기 자신을 말씀에 비추며 깊이 살피면 성령께서 약하고 잘못된 부분을 알게 하신다.
27	사람들은 내가 전해준 성경 말씀 덕분에 하나님께 더 가까이 갈 수 있다고 종종 말한다.	( ) **권면, 예언** – 성령님께서는 자신의 교회를 세우기 위해 권면할 수 있도록 말씀을 주신다.

번호	설문	(점수) 해설
28	나는 교회가 정한 사역의 방향에 교인들을 참여시키려고 적극적으로 권면하고 격려한다. 그러나 무조건 하지 않고, 때에 따라 절제하며 지혜롭게 한다.	( ) **예언, 다스림** – 상대방의 상황과 조건에 따라 말씀을 전할 줄 아는 지혜가 필요하다. 그래야 다스릴 수 있다.
29	나는 교회 안에서 잘못된 언행을 하는 사람에게 성경 말씀을 전해주며 권면한다. 그러나 무조건 하지 않고, 때에 따라 절제하며 지혜롭게 한다.	( ) **예언, 지혜** – 상대방의 상황과 조건에 따라 말씀을 전할 줄 아는 지혜가 필요하다. 그래야 말씀에 권위가 있다.
30	나는 여유가 있지는 않지만 섬기고 베푸는 것이 즐겁다.	( ) **대접** – 대접함이 즐거움은 하늘에 소망을 두고 있기 때문이다(딤전 5:10).
31	교인들이 나의 도움으로 자신들의 사역을 더욱 잘 감당하게 되었다고 말한다.	( ) **섬김** – 교인들은 나의 섬김을 통해 나의 신학과 신앙과 삶을 배운다.
32	물질적으로 도움이 필요한 사람들을 아무 조건 없이 도운 적이 종종 있다.	( ) **대접** – 섬김과 대접에는 아무 조건이나 기대가 없어야 한다.
33	나는 불신자들에게 내가 예수를 믿고 구원받은 과정이나 하나님으로부터 받은 은혜를 간증한다.	( ) **전도** – 전도는 자신의 신앙을 고백함으로부터 시작한다.
34	내가 아이들에게 성경 이야기를 들려주면 잘 경청한다.	( ) **가르침** – 가르칠 때 온유와 인내로 해야 하며, 특히 상대의 형편을 공감할 수 있어야 한다.
35	비록 현실적으로 불가능한 일이지라도 나는 믿고 기도한다.	( ) **능력** – 기도하면 하나님의 말씀이 삶에 나타난다.
36	나는 교회에서 사소하고 귀찮은 일들을 도맡아 하는 편이다.	( ) **섬김** – 남들이 하기 꺼려 하는 것을 도맡는 것이 섬김이다.
37	나는 효율적인 교회 사역을 위해 아이디어를 내고, 계획하는 일이 즐겁다.	( ) **행정** – 목회를 돕는 일은 가장 보람된 일이다.
38	나는 특별히 몸과 마음이 아프고 연약한 사람을 위해 기도할 때가 많다.	( ) **치유, 자비** – 성령님의 치유는 은혜와 자비와 긍휼과 위로의 역사이다.

번호	설문	(점수) 해설
39	나는 하나님이 기뻐하시는 기도와 정욕적인 기도를 구분할 수 있다.	( ) **영 분별** – 기도는 물론 모든 신앙생활에서 영적인 분별력이 있어야 하나님을 기쁘게 할 수 있다.
40	나는 성경 말씀을 종종 암송한다.	( ) **예언, 지혜, 지식** – 말씀을 암송함은 그 자체에 능력이 있다.
41	나는 담임 목사님의 목회에 힘을 실어주는 편이다.	( ) **행정** – 목회를 돕는 일은 가장 보람된 일이다.
42	누군가로부터 기도부탁을 받으면 책임감을 갖고 기도한다.	( ) **다스림** – 책임감은 화평하게 하는 자의 가장 기본적인 소양이다.
43	나는 이단적인 교리나 사조(思潮)를 분별할 수 있다.	( ) **영 분별** – 영을 분별하기 위해서는 많은 말씀의 훈련이 필요하다.
44	나는 특별한 기술은 없지만 교회가 요청하면 일단 순종하는 마음으로 감당하는 편이다.	( ) **행정** – 목회자는 기술자가 아닌 충성할 줄 아는 집사를 원한다.
45	나는 복음을 전하는 데 두려움이나 부끄럼이 없다.	( ) **가르침, 전도** – 가르치는 것을 잘하는 사람이 전도도 잘한다.
46	나는 불신자들과 대화하더라도 종종 성경을 얘기한다.	( ) **전도, 지식** – 전도는 인간적인 방법론이 아닌 말씀으로 하는 것이다.
47	나는 교회 사역을 감당하기 위해서라면, 비록 초라해 보일지라도 여태껏 즐겁게 해왔다.	( ) **행정** – 목회자는 기술자가 아닌 충성할 줄 아는 집사를 원한다.
48	나는 내 신학과 신앙과 삶을 종종 담임 목사님께 점검받는다.	( ) **믿음** – 옳은 믿음은 항상 점검받는 믿음이다.
49	나는 지금 예수님과 함께 좁은 길을 걷고 있다.	( ) **믿음** – 혼자서 좁은 길을 걷는 것이 아니기에 결코 외롭지 않다.
50	나는 불신자와 어울릴 때, 그리스도인으로서 부끄러운 일을 하지 않으려고 신경 쓴다.	( ) **전도** – 물론 전도의 내용도 중요하지만 전도자의 삶이 더 중요하다.
51	나는 어떤 어려움이 나에게 닥쳤을 때, 이겨내기 위해 해결될 때까지 며칠이든 상관없이 금식하며, 부르짖으며 하나님께 기도한다.	( ) **능력, 치유** – 하나님은 금식하며 부르짖는 자를 주목하시고 역사하신다.

번호	설문	(점수) 해설
52	나의 헌금이 하나님의 나라를 위한 교회 사역에 쓰이게 해달라고 예배시간마다 진심으로 기도한다.	( ) **행정** – 목회자의 일을 돕다보면 자연스레 목회자의 마음을 닮게 된다.
53	나는 교회 모임 중에 누가 원망하고 불평하면, 삼갈 것을 말씀을 인용하며 정중하게 권고한다.	( ) **지혜, 권면** – 마귀는 교회를 해치기 위해 불평과 원망의 은사를 심는다. 그렇기 때문에 집사는 권면으로 그것을 막아야 한다.
54	내 주위에 일어나는 사건들이 하나님의 뜻인지 아닌지를 분별할 수 있다.	( ) **영 분별** – 항상 영적인 눈으로 세상을 바라 볼 줄 알아야 한다.
55	내가 기도하는 목적은 어떤 큰 기적을 경험하는 것이 아니라 나의 요동치는 마음을 지키기 위해서다.	( ) **치유, 능력** – 예수님은 우리의 몸과 마음의 약함을 강하게 하신다.
56	나는 교회에서 어떤 일에 봉사하거나 누구를 위해 섬길 때, 항상 그리스도의 섬김을 생각한다.	( ) **섬김** – 예수님은 섬김을 받으러 오신 게 아닌 섬기러 오셨다.
57	어떤 특수한 일이 닥치면, 그 상황을 통해 하나님이 나에게 무슨 말씀을 하시는지, 어떤 계획이 마련되어 있는지를 알기 위해 말씀을 살피고 기도하며 노력한다.	( ) **치유, 능력, 지혜** – 어떤 상황에도 하나님을 잊지 않는 것이 지혜다. 그 지혜로 능력을 행할 수 있다.
58	나의 지식, 경험, 이론으로 옳다고 여겼던 것이 설교나 제자훈련을 통해 틀렸다고 인정된 적이 있다.	( ) **지혜, 다스림** – 자신을 다스릴 줄 아는 지혜로 남도 다스릴 수 있다.
59	성경을 묵상함이 정말 즐겁다.	( ) **지식** – "여호와를 경외하는 것이 지식의 근본이거늘 미련한 자는 지혜와 훈계를 멸시하느니라"(잠 1:7).
60	나는 말씀을 읽고 깨달은 것을 교인들과 함께 나누고 고백하는 것이 즐겁다.	( ) **가르침, 사역** – 자신의 확실한 신앙고백이 있어야 나눌 수도 가르칠 수도 있다.
61	나는 배우자와 함께 진지하게 교회, 말씀, 사역 등을 주제로 긍정적이고 건설적인 대화를 나눈다.	( ) **사역** – 온 가정이 믿음 안에 서 있을 때, 교회의 모든 사역에 충성할 수 있다.

번호	설문	(점수) 해설
62	나는 하나님께서 내 필요를 모두 채워주시리라 확신하기 때문에 재정적으로 부족할지라도 근심하지 않으려고 노력한다.	( ) **믿음** – 하나님은 우리의 모든 필요를 아시고 때에 따라 공급해 주신다.
63	남을 돕거나 베풀 때, 가급적 아무도 모르게 한다.	( ) **섬김** – 남에게 알리는 섬김은 자기 홍보이다.
64	소질이 없어도 교회가 필요로 한다면 도전해보고 싶다.	( ) **섬김** – 교회는 겸손하게 섬기는 자를 필요로 한다.
65	교회에 손님이 올 때마다 나는 항상 그들을 대접하기 위해 노력한다.	( ) **대접** – 나그네를 대접함은 집사의 기본자세이다.
66	나는 어떤 인물이나 일에 평가하기보다 감사하는 편이다.	( ) **다스림** – 감사하는 자가 불평과 원망을 잠재우고 화평을 가져온다.
67	나는 아픈 교인이 생기면, 부탁하지 않아도 그를 위해 기도한다.	( ) **치유** – 치유는 내가 아닌 성령께서 하신다. 따라서 나는 아픈 교인을 향한 사랑으로 성령께 간구할 뿐이다.
68	나는 육신의 정욕을 통제하는 데 문제없다.	( ) **사역, 지식** – 육신의 정욕은 반드시 교회 사역을 훼방한다.
69	나는 예배 때마다 하나님이 나를 부르시고 교제하시고자 하신다는 것을 확실히 느낀다.	( ) **영 분별** – 예배를 사모함이 영 분별의 기초이다.
70	나는 점차 온전한 그리스도인으로 성결하게 바뀌고 있는 중이다.	( ) **믿음** – 점증적인 성결은 그가 건강한 믿음을 가지고 있다는 증거이다.
71	과거에 즐거웠던 세상적인 것들이 이제는 성령충만을 방해하는 죄로 느껴져서 싫다.	( ) **지식, 영 분별** – 성령님은 죄를 죄로 깨닫게 하시고, 진리로 인도하시고, 죄의 쓴 뿌리까지 태우셔서 성결하게 하신다.
72	인생의 모든 문제는 말씀에서 해결책을 찾을 수 있다고 믿는다.	( ) **지식** – 신학이 올바르면 신앙이 올바르고, 신앙이 올바르면 삶이 올바르게 된다.
73	나에게 교회의 어떤 일이 주어지면 끝까지 성실하게 책임지려고 노력하는 편이다.	( ) **사역** – 교회 사역은 어떤 기술보다는 성실과 책임이 요구된다.

번호	설문	(점수) 해설
74	나는 순종과 헌신의 삶을 살기 위해 주일 예배의 광고시간을 주목한다.	( ) **행정** – 주일 예배의 광고시간은 여러모로 매우 중요하다.
75	어려운 형편의 사람을 위해 기도할 때, 가슴이 뜨거워진다.	( ) **자비** – 교회를 돌보고 살피는 마음은 하나님의 마음이다.
76	나는 말씀 중심으로 기도하려고 노력한다.	( ) **예언** – 기도가 없는 선포는 그저 잔소리에 불과하다.
77	어린이 사역은 정말 중요하기 때문에 직접적으로 또는 간접적으로 도움을 주려고 노력한다.	( ) **가르침** – 어린이 사역만큼 보람된 일은 없다.
78	나는 기도할 때, 가급적 예수님이 가르쳐 주신 자세와 방법, 그리고 장소에서 기도하려고 노력한다.	( ) **믿음** – 무엇이든 내가 원하는 방법이 아니라 예수님이 알려주신 것으로 할 수 있는 믿음이 있어야 한다.
79	나는 혼자 있을 때에도 하나님이 보고 계신다는 마음가짐으로 성실하고 정직하게 행동하려고 노력한다.	( ) **섬김** – 혼자 있을 때의 생각과 언행이 그 사람의 본래 모습이다. 그 본 모습에 담긴 섬김을 하나님이 받으신다.
80	나의 재능이 교회 사역에 도움이 된다면 적극적으로 봉사할 것이다.	( ) **섬김** – 섬김의 자세는 겸손이지만 그 행위는 적극적이어야 한다.
81	성경이 "아니다"라고 한다면, 어떤 손해가 나더라도 감수한다.	( ) **예언, 가르침** – 말씀에 확신이 있는 사람이 가르치기도 해야 한다.
82	나는 예배를 통해 더 은혜 받고 싶은 욕심이 있어서 좀 더 일찍 나와 기도한다.	( ) **믿음** – 하나님은 구원에 관하여서는 공평하시지만 자세와 태도에 관해서는 반드시 차별하신다.
83	나는 뒤에서 조용히 드러내지 않고 섬기는 것이 좋다.	( ) **섬김** – 소심해서가 아니라 겸손하기 때문에 조용히 드러내지 않고 섬길 수 있는 것이다.

2. 은사 발견 데이터 도출 방법

각각의 은사 값을 도출하기 위해서는 3개의 항목에서 나타난 은사에 대한 점수를 하나씩 나열하고, 합산하여 백분율로 나타내면 됩니다. 예를 들면, 아래의 '가르침'에 관한 항목이 6개이므로 그 값의 최대치는 18(6×3)입니다. 그런데 거기에서 홍길동 씨가 얻은 값은 3+3+3+2+3+2=16입니다. 그렇다면 18 값에서 16의 백분율은 88%가 되는데, 이게 가르침에서 얻은 홍길동 씨의 은사 값이라고 생각하면 됩니다. 이 같은 은사 발견 데이터의 예시는 아래의 표와 같습니다.

묶음	목록	홍길동									백분율
말씀	가르침	3	3	3	2	3	2				88%
	권면	2	3	2	1	2	2				66%
	예언	2	3	2	2	2	2				72%

3. 나의 은사 발견 데이터

묶음	목록	이름:									백분율
말씀	가르침										
	권면										
	예언										
	사역										
	전도										
	다스림										
능력	지혜										
	지식										
	믿음										

묶음	목록	이름:									백분율
능력	치유										
	능력										
	영 분별										
사랑	행정										
	섬김										
	자비										
	대접										

4. 은사 발견 그래프 예시

은사 값을 은사 묶음에 따라 그래프로 표시한 이유는 나의 주된 은사는 무엇인지, 그리고 상대적으로 약해서 개발해야 할 은사는 무엇인지를 한눈에 보고 쉽게 이해할 수 있게 하기 위해서입니다. 그 예시는 아래와 같습니다.

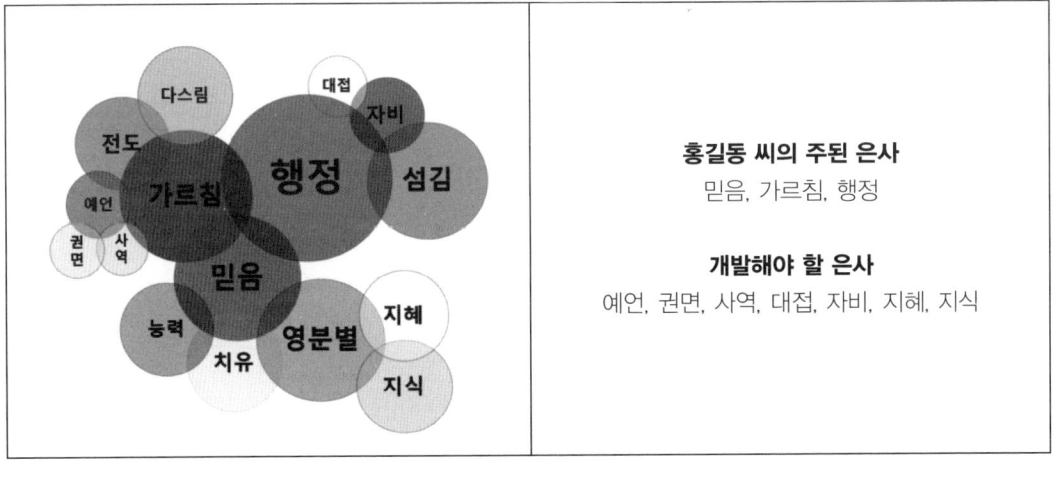

홍길동 씨의 주된 은사
믿음, 가르침, 행정

개발해야 할 은사
예언, 권면, 사역, 대접, 자비, 지혜, 지식

5. 나의 은사 그래프

나의 주된 은사 :
개발해야 할 은사:

6. 은사 그래프 배치 방법과 해설 Tip

기본적으로 로버트 클린턴(Robert Clinton)이 제시한 은사 목록을 참고합시다. 클린턴은 각각의 은사를 그 성격과 활용도에 따라 '말씀의 은사', '능력의 은사', '사랑의 은사' 이렇게 세 가지로 묶어 구분하였습니다. 목사는 이 자료를 토대로 은사 그래프를 배치하고 목사 개인의 목회적 방향에 따라 적절히 해설할 수 있습니다. 해설에 관해서는 어떤 것도 반드시 정해진 것은 없습니다. 다만 도출된 객관적인 데이터를 토대로 목사 개인의 목회 방향에 맞게 적절하게 해석하고 이끌어주면 더 좋습니다. 왜냐하면 집사의 일은 목사의 목회를 돕는 사역이기 때문입니다.

(1) 은사 그래프 배치 방법

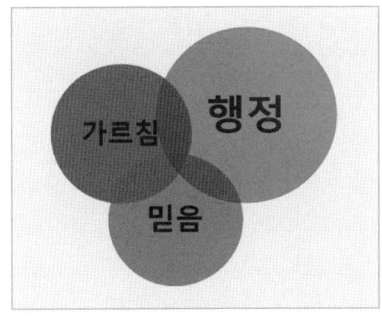

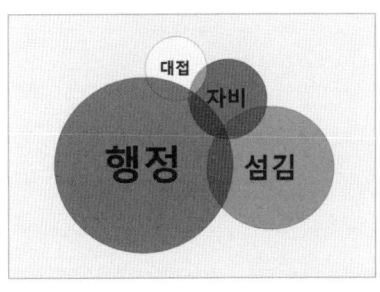

① 3가지의 은사 묶음에서 각각 가장 큰 은사 3개를 중심에 배치합니다. 홍길동 씨의 각 묶음에서 가장 큰 은사는 각각 가르침, 믿음, 행정이며, 이것이 '주된 은사'입니다.

② 행정과 한 묶음인 섬김과 자비와 대접의 은사를 백분율(%)의 크기에 따라 알맞게 묶어줍니다. 다만 은사적으로 가깝게 연결되어 있는 것들이 있습니다. 예를 들면, '행정과 섬김', '자비와 대접', '믿음과 영 분별', '지혜와 지식', '능력과 치유', '전도와 다스림', '예언과 권면과 사역'이 활용도면에서 가깝기 때문에 서로 붙여주는 게 좋습니다. 그래야 나중에 해석하기 좋습니다.

(2) 은사 그래프 해설 Tip

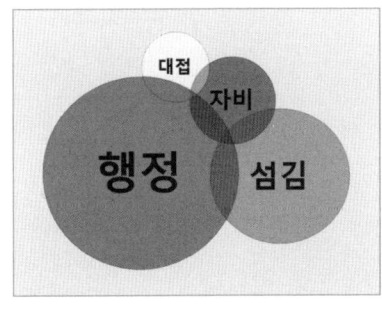

① 홍길동 씨의 가장 큰 주된 은사는 사랑의 은사 묶음에 있는 행정입니다. 그렇다면 홍길동 씨는 현재 담임목사가 말씀과 기도 사역에 전념할 수 있도록 교회의 행정을 세심하게 살피고 돕는 은사 또는 은사의 가능성이 있다고 볼 수 있습니다. 동시에 같은 묶음에 있는 자비와 대접이 비교적 작게 나왔다는 것은 건강하지 못하다는 증거가 됩니다.

특히 은사 발견 데이터에서 어떤 은사에 3과 1 또는 0이 많이 있고, 2가 적다는 것은 머리로는 알고 있으나 환경 때문에, 방법을 몰라서, 또는 아직 발휘할 기회가 없었기 때문이라고 보면 됩니다. 그렇기 때문에 상대적으로 부족하게 나온 은사에 대해서는 은사 목록과 설문조사를 참고해서 충분히 이해시키고, 칭찬과 격려로 방법과 기회를 만들어주어야 합니다.

② 말씀의 은사 묶음에서 가르침을 중심으로 전도와 다스림이 비교적 균등하게 나왔다는 것은 건강하다는 것이고, 특히 리더십이 있다는 의미로 해석할 수 있습니다. 다만 하나님의 말씀을 전하는 예언이 비교적 작게 나왔다는 것은 성경적 지식과 경험이 상대적으로 부족하다는 것이고, 그렇기 때문에 자연적으로 권면과 사역도 덩달아 작게 나오는 것으로 해석할 수 있습니다. 따라서 목회자는 기본적으로 성경을 알아야 말씀의 은사 묶음 전체가 건강하게 발휘될 수 있음을 이해시켜야 합니다. 그래서 전도와 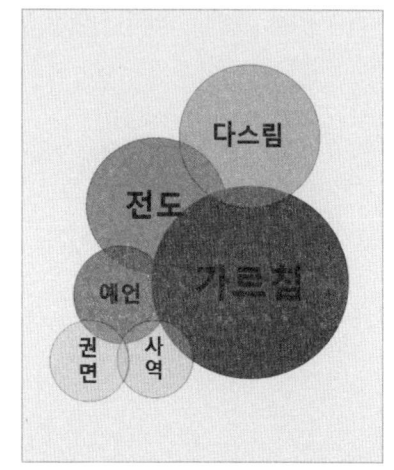 교육과 같은 중요한 교회 사역이 더욱 원활하고 힘 있게 발휘될 수 있도록 도와야 합니다.

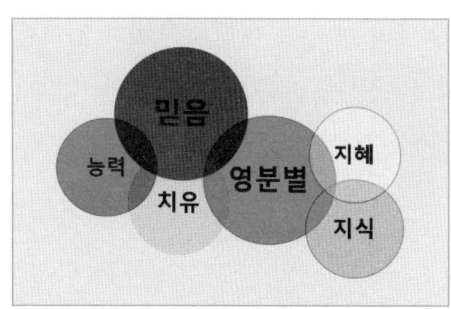 ③ 세 번째로 홍길동 씨에게 나타난 능력의 은사 묶음은 믿음을 중심으로 대체로 골고루 균등하게 나왔음을 알 수 있습니다. 그렇다는 것은 크기를 떠나서 그 자체로서 건강하다고 볼 수 있는 것입니다. 특히 믿음과 영 분별, 지혜와 지식, 능력과 치유의 크기가 각각 비슷한 것은 긍정적입니다. 왜냐하면 믿음은 있지만 영 분별이 없고, 지식은 있지만 지혜가 없고, 능력은 있지만 치유가 없는 경우가 종종 있기 때문입니다. 그렇다는 것은 대부분 말씀을 지식으로는 알지만 깨닫지 못해서, 또는 온전히 말씀에 순종하지 못하는 환경에 있거나 교만이 남아 있어서, 또는 말씀을 붙들고 기도하지 않아서입니다.

☞ 제3단계로 가서 소모임 안에서 성령의 은사와 열매를 나누도록 합니다.

제3단계

성령의
열매 나누기

제3단계 성령의 열매 나누기

싱클레어 퍼거슨(1948-)
"성령의 어떤 은사의 행사에서도,
핵심은 하나님의 백성에게 주어진 말씀의 사역이다."

경기도 광명시에 약 50년 된 교회가 있습니다. 그 교회는 온통 신비주의와 은사주의에 사로잡혀 있었습니다. 하나님으로부터 직통계시를 받는가 하면, 기괴한 소리로 비명을 지르며 기도를 하고, 축귀를 하고, 병이 들어오고 나가는 등의 마치 무속신앙을 방불하게 하는 거짓되고 무분별한 은사주의가 교회 전체를 사로잡고 있었습니다.

하지만 2007년 박세진 목사님이 담임으로 부임한 이후, 정말 많은 것들이 변화되었습니다. 현재 그 교회는 성경을 묵상하고, 연구하며, 기도하면서 순종과 회개의 능력을 경험하고, 하나님의 말씀을 날마다 체험하는 말씀 중심의 교회로 180도 변했습니다.

이처럼 은사에 대한 무지와 오해는 집사로서의 위치와 역할을 망각하게 할 뿐만 아니라 교회 전체의 건강함을 해치는 결과를 초래합니다. 하지만 은사의 올바른 이해와 활용은 성령의 열매를 풍성하게 맺게 하고 교회를 건강하게 세웁니다. 그리고 그 중심에는 바로 건강한 신앙으로 세워진 집사가 있습니다.

1. 소그룹을 만들자

우리는 여태껏 말씀을 중심으로 성령께서 일하시는 교회를 세우기 위해 은사와 열매로 집사를 세우시는 성령님의 교회 사역과 그 과정에 대해 살펴왔습니다. 그리고 우리의 신앙을 점검하고, 은사를 개발하고 발전시키기 위한 기초 자료를 설문으로부터 얻었습니다. 그렇다면 이제부터 "구슬이 서 말이어도 꿰어야 보배"란 속담도 있듯이 성령께서 교회의 각 지체에게 주신 은사와 함께 성령의 열매를 더욱 풍성히 거둘 수 있는 소그룹을 만들고 최소 4번을 모여 함께 예배하고 자기의 것을 나눌 수 있기를 바랍니다.

2. 무엇보다 성령 충만을 간구하자

은사를 알면 알수록 성령의 열매가 얼마나 중요한지 깨닫게 될 것입니다. 그리고 성령의 열매는 성령 충만으로부터 비롯된다는 사실도 깨닫게 될 것입니다. 그러면 내가 교회에서 어떤 중한 일을 맡아 바쁜 집사가 되는 것보다 성령님께서 나를 통해 언제든지 역사하실 수 있도록 겸손하게, 그리고 차분하게 성령 충만을 간구하는 집사가 되는 것이 교회에 더 유익이라는 사실도 알게 될 것입니다. 따라서 소그룹 안에서의 주된 화제는 은사보다 성령의 열매가 되어야 합니다. 그래서 은사에 대한 집착이나 부담을 떨쳐버리고 성령의 열매를 맺기 위해 성령의 충만하심을 간구할 수 있어야 합니다.

오직 우리들을 통해 역사하실 성령님을 의심하지 맙시다. 건강한 교회를 세우고자 연대한 공동체에게 성령님은 반드시 함께하셔서 하나님의 은혜를 체험하게 하실 것입니다. 성령 충만을 어떤 화려하고, 굉장하고, 신비한 것으로 상상하지 맙시다. 성령님은 인격적이고 질서가 있는 분이기 때문에 필요에 따라 어떨 때는 강한 역사로 오시기도 하지만 거의 대부분은 세미한 음성으로 다가오십니다(왕하 19:11-12).

그러므로 오직 서로의 성령 충만을 위해 함께 모여 기도하고, 찬송하며, 말씀을 묵상하고 나누면서 회개와 순종의 능력을 경험하는 소그룹을 만드는 것이 가장 중요한 목표입니다. 사실 이러한 '성도의 온전한 교제'는 교회 공동체 안에서 매우 평범하고 익숙한 일이 되어야 마땅합니다.

3. 모여 예배하고, 은사와 열매를 나누자

소그룹이 3명이면 3번의 예배, 4명이면 4번의 예배를 할 수 있는 계획을 세워서 각자 한 번은 자신이 예배를 인도할 수 있도록 합니다. 특히 인도자가 말씀을 전할 때 목사처럼 말씀을 선포하는 설교의 형식이 아닌 10분 정도의 간단한 삶의 고백 또는 적용으로 하는 것이 좋습니다. 예배 후에는 각자가 목사님에게 받은 자신의 신앙생활 점검 또는 발견된 은사 자료를 가지고 나누면서 서로가 서로에게 은사로 말미암아 밀접하게 연결되어 있음을 확인해야 합니다. 또 지금껏 다뤘던 교재의 내용 중에서 기억에 남은 것을 되새김질해보는 것도 좋습니다.

특별히 모임 안에서 각자의 인격에서 성령의 열매가 맺어지기를 서로 중보할 수 있기를 바랍니다. 다시 말해 서로의 신앙생활 속에서 성령의 은사와 열매가 어떻게 영글어가고 있는지, 어떤 노력을 하고 있는지를 서로 나누면서 칭찬하고, 때론 격려하는 것입니다. 그렇게 할 때 서로의 신앙은 함께 성숙하며, 그 성숙으로 교회는 건강하게 세워집니다(히 5:12-14).

4. 상승작용(synergy)을 도모하자

얼마든지 혼자서 말씀과 기도로 은혜의 삶을 영위할 수 있습니다. 하지만 은사와 열매는 개인이 받은 그 은혜를 교회 안에서 서로 나누고 활용할 때 비로소 작용하고 더욱 풍성하고 아름답게 맺히게 됩니다. 그리고 특히 교회 안의 연약한 지체는 그 은사와 열매를 힘입어 건강하게 세워집니다. 이런 이유 때문에 바울은 로마 교회에 자신의 것을 나누기 위해 교제하기를 원했습니다(롬 1:11-12). 이것이 우리가 소그룹으로 모여 은사와 열매를 중심으로 훈련하는 목적입니다.

모임을 통해 뭇사람에게 근신하고 깨어 있을 수 있는 기회를 제공하실 성령님을 기대합시다. 우리를 통해 복음이 필요한 자들에게 말씀을 전하게 하시고, 몸과 마음에 상처투성이인 이웃들을 위로하고 하나님의 긍휼을 경험하게 하실 성령님을 기대합시다. 또 모임 안에서 나를 통해 누군가를 격려하시고, 부족함을 깨닫게 하시고, 신앙의 방향성을 옳게 수정하게 하시며, 어떤 문제의 대안을 제시해주실 성령님을 기대합시다.

5. 성령의 열매를 서로 확인하자

실제 거듭남이 없어도 은사는 얼마든지 표면상 발견되는 것처럼 나타날 수 있습니다. 그렇기 때문에 모임 안에서 나타나는 은사가 과연 성령의 것인지, 아니면 인위적인 것인지를 점검하는 것은 매우 중요합니다. 그리고 그 점검은 오직 성령의 열매가 그에게서 맺어지고 있는지를 확인하는 것뿐입니다. 왜냐하면 은사의 최종적인 결실은 성령의 열매이기 때문입니다. 결국 성령의 열매를 맺음은 모든 훈련의 종착역이자 집사로서 갖춰야 할 최종 목표입니다.

6. 시시때때로 담임 목사님으로부터 신앙 점검받기를 구하자

단연코 옳은 믿음이란 담임 목사님으로부터 자신의 신학과 삶을 점검받을 수 있는 믿음입니다. 이것은 매우 중요합니다. 또 교회와 개인의 삶에서 어떤 새로운 시도를 시작할 때 담임 목사님으로부터 점검받은 후 축복기도를 받는 것은 지극히 성경적입니다. 성경에서 복을 받은 인물, 특히 다윗은 항상 그리했고, 그는 하나님의 마음에 합한 자로 평가받습니다. 그렇다면 과연 내가 교회에서 은사를 제대로 이해하고 활용하고 있는지, 나의 말씀 해석과 적용이 과연 성경적으로나 신학적으로 옳은지, 비록 나의 개인적인 신앙 안에서 내린 결정이라지만 과연 하나님의 말씀에 비추어 합당한지, 그래서 결국에 성령의 열매를 건강하게 맺고 있는지 점검받는 것은 지극히 당연합니다.

☞ **소모임의 건강한 진행을 위해 제3단계 부록을 참고하세요.**

제3단계 부록

1. 소모임 인도

소그룹:			
날짜:	장소:		시간:
예배인도:			
찬송가			다같이
말씀 나눔			홍길동
기도제목	1. 2. 3.		다같이
예배 끝	주기도문		다같이
성령의 은사 이해			
말씀 꾸러미			
능력 꾸러미			
사랑 꾸러미			
성령의 열매와 삶의 적용			

2. 소모임 진행 샘플

소그룹: 4명				
날짜: 9월 10일	장소: chapel			시간: 10-11:30am
예배인도: 홍길동				
찬송가	214장 나 주의 도움 받고자			다같이
말씀 나눔	요 9:36			홍길동
기도제목	1. 교회의 성령 충만을 위해 2. 성령의 은사와 열매로 건강한 집사가 되기 위해 3. 건강한 교회가 되기 위해			다같이
예배 끝	주기도문			다같이
은사 이해				

"나의 주된 은사는 행정, 믿음, 가르침이고, 개발해야 할 은사는 대접, 자비, 예언, 권면 등입니다. 나는 스스로 내성적이라 생각했는데, 은사가 이렇게 나와서 굉장히 뜻밖이네요. 그런데 은사의 정의를 다시 한번 살펴보니 이해가 가더군요. 그래서 앞으로 더 적극적으로 자신감 있게 은사를 나눠야겠다는 생각을 가졌습니다. 특히 성경공부를 해서 부족한 부분을 개발하고 전도하는 데 더욱 힘쓸 생각입니다."

열매 이해

"성령의 9가지 열매에 대한 설명을 하나씩 살펴보면서 예전에는 알지 못했던 깊은 뜻을 알게 되었습니다. 그리고 성령의 열매가 예수님의 성품을 묘사하고, 성령의 충만함을 증거하는 삶이 되는 줄 알게 되었어요. 예전에는 은사에 더 관심을 가졌는데, 이제부터는 삶에서 열매 맺기 위해 더 겸손하고 헌신해서 옳은 생각, 옳은 우선순위를 갖기 위해 노력하려고 합니다."

좋은 나눔의 예

형제님이 예배를 준비하고 정리해주고 있어서 저희들이 얼마나 유익한지 몰라요. 감사해요. 저도 이제 본받아서 함께 하길 원합니다."
"아무개를 전도하려는데, 성령님께서 그때그때마다 필요한 말씀을 생각나게 해주시고, 또 제가 전할 수 있는 용기도 주시기를 기도해주세요."
"예전에는 주일성수하는 것을 별로 중요하게 생각하지 않았는데, 이제는 우선순위가 확실해졌습니다. 다만 내 마음이 흔들리지 않도록 기도해주세요."
"지난 주일에 설교말씀을 듣고, 내가 말씀을 선택적으로 골라서 순종하고 있었음을 깨닫게 되었습니다. 그래서 회개하고, 목사님께 점검받으면서 고치고 있어요."
"지난 설교에서 목사님이 우리 교회에 믿음의 거부가 필요하다고 하셨는데, 제가 그 말씀에 소명을 받은 것 같습니다."

좋은 나눔의 예

"옛날부터 허리가 고질적으로 아팠는데, 성령님께서 병 고쳐주시기를 원합니다. 그래서 더욱 열심히 예배하고 섬기고 싶어요."
"자매님의 은사와 열매의 나눔을 듣다 보니 저의 신앙생활에 많은 도전이 됩니다."
"우리 교회에 찬양팀이 필요한 거 같은데, 함께 기도하면서 한번 해볼까요?"
"예배를 위해 무엇을 할 수 있을까 고민해보다가, 일단 20분 일찍 와서 의자라도 정리하고 목사님을 위해 기도해야겠다는 생각을 했어요."

"불평과 원망은 마귀의 은사라고 배운 것이 생각나네요. 그러니 우리도 불평과 원망하는 소리를 그치고, 하나님께 받은 은혜를 생각하고 감사합시다."
"내가 이런저런 일을 나서서 하고 싶었지만, 성령의 열매 중에 충성과 절제가 생각이 나더군요. 그래서 교회 질서를 위해 일단은 참고, 목사님께 물어봐야겠어요."
"예전에는 어디서든 분을 참지 못했는데, 이제는 분낼 일이 생길 때마다 말씀이 생각나서 참게 되네요. 말씀을 묵상하고 적용하는 일에 더욱 힘써야겠습니다."

나쁜 나눔의 예

"어제 꿈에 널 봤어. 그래서 인터넷으로 해몽을 찾아봤지."
"길을 걷는데, 갑자기 하늘에서 하나님의 음성이 들려오더라고요."
"성령님이 너에게 OOO가 필요하다고 전하시란다."
"어젯밤에 기도하는데, 갑자기 뒤에서 하얀 옷을 입은 예수님이 나타나셔서 날 꼭 안아주시더라고요."
"세도나(Sedona)에 가서 기도하면 기도가 잘된데요."
"나를 위해 항상 기도해주시는 선지자가 계세요."
"목사님이 설교로 나를 정죄하는 것 같아요."

3. 소모임 가이드

(1) 분명한 목적이 있는 모임이 되어야 합니다.

① 성령 충만을 사모합시다.
② 감사하고, 순종하고, 충성합시다.
③ 성령의 열매 9가지 모두를 추구합시다.
④ 모여서 기도하고, 흩어져 전도하는 것이 교회의 사명이자 집사의 소임인 것을 명심합시다.

(2) 성령의 은사와 열매에 대한 이해가 충분해야 합니다.

① 은사와 열매에 대한 정의가 확실하지 않으면 반드시 오해가 일어납니다.
② 실제 은사는 매우 기본적이고 상식에 지나지 않은 것이었습니다. 그러나 오늘날 은사주의, 오순절주의, 신비주의 등에 매몰된 자들의 잘못된 지식과 경험이 마치 은사를 특별한 것처럼 얘기하고 있어서 많은 그리스도인들이 미혹되고 있는 상황입니다. 그러다 보니 정작 중요한 성령의 열매는 상대적으로 관심을 못 받고 집중하지 못하는 경우가 많이 생깁니다. 그래서 오늘날 교회 안에 종교만 가득하고 관계는 점차 없어지게 되는 악순환이 계속되는 것입니다. 그러므로 은사와 열매의 정확한 성경적 이해를 가져야 합니다.
③ 은사보다 열매를 주된 화제로 삼아 함께 신앙을 점검하고, 중보하고, 격려하는 나눔이 중요합니다.

(3) 은사 목록과 그래프를 비교하고 관찰합시다.

① 어떤 은사가 높고 낮은지 서로 비교해보고, 그 원인을 생각해봅시다.
② 어떤 은사에 3과 1이 많이 있고 2가 적다는 것은 마음은 있으나 행동이 따라주지 않는 경우라고 생각하면 됩니다. 즉 대부분 환경 때문에, 방법을 몰라서, 또는 기회가 없어서입니다.
③ 높은 은사의 활용을 위해서, 그리고 낮은 은사의 개발을 위해서 어떤 은사와 어떤 열매가 필요한지를 고민해봅시다.

(4) 은사와 열매에 대한 다음과 같은 입장이 필요합니다.

① 은사는 부차적인 것임을 잊지 맙시다. 따라서 조금이라도 경솔함이 될 수 있는 사소한 말 한 마디라도 고쳐봅시다. 예를 들어 "나에게 ㅁㅁㅁ의 은사가 있다"라고 단정하기보다는 "성령님이 나에게 ㅁㅁㅁ의 은사 나눔을 원하시는 것 같아"라고 해봅시다.
② 집사는 성령의 열매로 소명을 감당해야 합니다.
③ 은사는 성령의 열매를 맺기 위한 과정임을 잊지 맙시다.
④ 주된 은사를 우선적으로 활용해봅시다. 주된 은사를 중심으로 활용하면서 다른 사람의 은사 활용을 살피고 배우다 보면 낮은 은사는 자연히 덩달아서 개발됩니다.
⑤ 예를 들어 '행정의 은사'가 주된 은사로 나왔다면, 그것으로부터 성령의 열매가 나올 수

있도록 더 신중하고 겸손한 언행을 갖도록 노력해야 합니다. 왜냐하면 은사의 주체는 내가 아닌 성령님이시기 때문입니다.

(5) 집사는 목회를 '돕는 자'임을 명심합시다.

① 최초 일곱 집사가 탄생한 배경을 잊지 맙시다(행 6:1-4).
② 바울이 당시 고린도 교회의 어떤 여자에 대해 교회 안에서 잠잠할 것을 요구한 배경을 잊지 맙시다(고전 14:34).
③ 집사는 목사님을 중심으로 한 목소리와 하나의 방향성을 가져야 한다는 사실을 잊지 맙시다.
④ "그리고 맡은 자들에게 구할 것은 충성이니라"(고전 4:2)는 말씀을 기억합시다.

제4단계 집사 세우기

사도 바울(10? – 67?)

"형제들아 너희는 선을 행하다가 낙심하지 말라"

(살후 3:13)

존 스토트는 은사를 다양하고 강도 높게 발휘하는 것보다 사랑이라는 성령의 열매가 익어 가는 것을 보여주는 것이 성령께서 교회에 은사를 주신 진짜 의도라고 했습니다. 옥한흠 목사님은 자신에게는 어떤 특별한 은사가 없으며, 그저 사랑의 은사 하나만 있어도 분에 넘친다고 했습니다. 사도 바울은 "믿음, 소망, 사랑, 이 세 가지는 항상 있을 것인데, 그중에 제일은 사랑이라"(고전 13:13)고 했습니다. 사도 베드로는 "무엇보다도 뜨겁게 사랑할지니 사랑은 허다한 허물을 덮느니라"(벧전 4:8)고 했습니다. 사도 요한은 "사랑하지 아니하는 자는 하나님을 알지 못하나니 이는 하나님은 사랑이심이라"(요일 4:8)고 했습니다.

이처럼 우리는 교회에서 서로 사랑을 추구해야 합니다. 은사는 그저 수단일 뿐, 목적은 자신이 받은 은혜를 교회에 나누어 덕을 끼치고 유익하게 하는 것이기 때문입니다. 사실 우리가 지금껏 해왔던 모든 과정이 사랑이라는 성령의 은사와 사랑의 열매를 추구하기 위한 것이라 해도 과언이 아닐 것입니다. 교회 안에서 사랑 외에 과연 무엇이 더 필요할까요?

1. Feedback

다음은 건강한 신앙생활로 건강한 교회를 세우고 있는 집사들의 고백입니다. 과연 이들이 교회에서 서로가 서로에게 어떤 덕과 유익을 끼치고 있는지를 생각하며 비교해 봅시다.

(1) 김계남 집사

73세의 나이에 은퇴하고, 어느 순간 교회와 너무도 멀어져 있는 나 자신을 깨닫게 되었습니다. 그래서 곧바로 집 앞의 교회에 나갔습니다. 다시 신앙생활을 시작하고자 하는 마음으로 최선을 다해 예배를 드리고 제자훈련을 시작했습니다. 그러면서 1여 년 동안 정말 많은 것이 변했습니다. 예전에는 주일에 예배 한 번 나가는 것이 정말 힘들었는데, 어느덧 예배드리고 성경 공부하는 것이 기대가 되었습니다. 평일에도 말씀을 읽고 기도하는 것이 즐거웠습니다. 그러다 보니 약 30년 동안 매일 밤 힘들게 했던 가위와 악몽이 어느 순간 사라지고 평안하게 되었습니다. 특히 주위의 친구들이 나의 환한 얼굴에 놀라워하고 신기해했었습니다.

우리 교회는 개척 1주년 감사예배를 앞둔 시점에서 여러 불평과 원망의 소리로 수군거리고 있었습니다. "목사님은 왜 자꾸 교회를 공동체라고 설교하는지 모르겠어. 여기가 무슨 공산당인 줄 아나봐", "목사님은 왜 자꾸 골방에서 기도하라고 하시는지 모르겠네", "교회 찬양이 너무 올드(old)해", "1주년 예배 때 꼭 행사를 해야 하나?" 등의 소리는 나를 너무 헷갈리게 했습니다. 결국 주일예배 때마다 고정적으로 앉았던 나의 앞자리는 맨 뒷자리로 물러났고, 목사님의 설교도 점차 듣기 싫었습니다. 성경 공부도 이런저런 핑계로 나가지 않았습니다.

하지만 '이러면 안 되겠다'는 생각이 들어서 목사님을 찾아가 물었습니다. "목사님, 왜 교회는 공동체인가요? 왜 골방에서 기도하라고 하시나요?" 그러자 목사님은 성경을 이리저리 펴고 손가락으로 하나하나 짚어가며 설명해주셨습니다. 그 순간 나는 정말 부끄러웠습니다. 왜냐하면 성경에 모든 답이 있었고, 그건 이미 내가 배웠던 것이었기 때문이었습니다.

결국 1주년 감사예배를 드리기로 정확히 일주일 남겨두고 불평했던 모든 교인들은 마치 약속이라도 한 듯이 일시에 또 다른 교회로 뿔뿔이 흩어졌습니다. 그러나 나는 떠나지 않을 수 있었습니다. 왜냐하면 불평과 원망으로 떠나는 그들을 보면서 더욱 말씀에 확신이 들었기 때문이었습니다. 그리고 나는 목사님으로부터 받는 양육이 이렇게 중요하다는 사실을 확실히 깨달았습니다.

(2) 이미정 집사

저는 평생 교회 생활을 하면서도 교인들과 교제하는 것이 조금은 껄끄러운 것이 있었습니다. 특히 주일예배가 끝나고 함께 점심 식사하는 자리가 더욱 싫었습니다. 그래서 예배가 끝나면 바쁘다는 핑계로 서둘러 떠나기에 급급했습니다. 왜냐하면 자리에 앉아서 늘어놓는 세상적인 얘기, 교회와 목사님과 교인들을 향한 불평과 원망과 평가하는 소리에 마음이 정말 불편했기 때문이었습니다. 하지만 교육을 통해 그러한 행동들이 집사의 자세에 완전히 대치된 것일 뿐만 아니라 그리스도의 몸 된 공동체를 해치는 육신의 소욕에 해당한다는 것을 알게 되었습니다. 그리고 소모임을 통해 '어떻게 불리느냐?'보다는 '집사로서 무엇을 하고 있는가?'와 은사보다는 성령의 열매에 집중하면서 서로의 말과 행동을 하나하나 신경 쓰며 고쳐나갔습니다.

소모임 초반에는 오직 말씀에서 받은 은혜와 경험을 나누고 기도하고 찬양하는 것이 정말 낯설었지만, 서너 번 하다 보니 오히려 이제야 교회 생활을 경건하게 하는 것 같은 감동이 서서히 왔습니다. 그렇게 서서히 함께 모여 기도하고 찬양하고 은혜를 나누는 것이 곧 성령의 은사적 행위이고, 이것이야말로 온전한 성도의 교제라는 사실을 깨닫게 되었습니다.

(3) 안우영

저의 성격은 본래 예민하고 까다로운 성격이었습니다. 또 한편으로는 부탁을 거절하지 못하는 탓에 교회의 모임은 빠지지 않고 열심히 참석했습니다. 그러나 까칠한 제 성격 때문에 주변 사람들은 힘들어 했고, 또 그런 모습에 나 자신도 상처받는 악순환이 계속되었습니다. 그러다보니 점차 교회 안에서 교인들과 교제한다는 것 자체가 너무 부담스러운 일이 되어가고 있었고, 이런 내적 갈등은 제 신앙생활의 가장 큰 고민이자 걸림돌이었습니다.

그러던 중에 '건강한 신앙 건강한 교회' 양육을 새롭게 받게 되었습니다. 그리고 성령의 은사는 신비롭게 나타나는 현상이 아니라 내가 받은 은혜를 나누는 행위라는 것을 확실히 알게 되었습니다. 그렇기에 예수님을 믿고 구원받은 나는 성령님으로부터 이미 모든 은사를 받았다는 말씀에 큰 용기를 받았습니다. 동시에 소그룹 모임에서 성령의 은사를 서툴더라도 실험적으로 적극 활용해야 한다는 말씀을 듣고 강한 도전을 받았습니다.

그래서 배운 대로 목사님의 목회를 돕는 집사로서 교회에서 내가 할 수 있는 일들을 찾았고, 사모님으로부터 주일예배 안내 요청을 받았습니다. 본래 저는 깍쟁이라서 누군가에게 말을 건다는 것은 매우 부담스러운 일이었습니다. 특히 처음 보는 사람에게 먼저 다가가는 법이 없었습니다. 하지만 하나님이 주신 기회로 생각하고 순종했습니다. 그런데 성령님은 제게 용기를 주셨고, 그동안 절대 변할 것 같지 않았던 저의 성격을 점점 변화시켜주시는 것을 느낄 수 있었습니다.

언제부터인가 교인들과의 대화가 더 이상 거북하지 않게 되었습니다. 오히려 요즘은 대화 안에서 온전한 성도의 교제가 되도록 리드하는 제 자신의 모습을 종종 발견하며 스스로 놀라기도 합니다. 새신자에게 먼저 다가가는 것도 전혀 이상하지 않게 되었고, 심지어는 전도도 합니다. 저번에는 어느 분이 제가 주일예배 안내하기 딱 좋은 인상이라고 칭찬도 해주셨고, 저 때문에 신앙생활에 많은 도움을 받는다는 감사의 말도 들었습니다. 신앙생활 하는 게 정말 기쁘고 즐거운 요즘입니다.

(4) 박천호 집사

양육을 받는 동안 저는 두 가지를 확실히 깨닫게 되었습니다. 첫째는 집사의 직분에 대한 의미를 성경적으로 신학적으로 온전하게 정립하게 되었다는 겁니다. 집사는 목사의 목회를 돕기 위해 세워진 직분자이고, 또 그러기 위해서는 목사님의 목회 방향성과 컬러를 알고 맞춰야 한다는 것을 깨달았습니다. 그리고 맡은 자에게 구할 것이 왜 충성인지도 알게 되었습니다. 둘째는 그동안 평생 교회를 다니면서 해왔던 여러 일들이 단순히 내게 맡겨진 사역으로, 또 책임으로만 생각해 왔는데, 더 나아가 교회를 더욱 건강하게 세우고자 하시는 성령님의 은사적인 이끄심이었고, 나는 그분의 도구였다는 사실을 알게 되었습니다. 또 그런 내게 성령의 열매를 맺게 하심으로 비록 서툴지만 예수님의 성품을 닮아가고 있는 나를 발견할 수 있었습니다.

우리 기독교는 사랑의 종교인데, 요즘 예수님의 진정한 사랑을 찾아보기 어려워진 교회 현장이 갈수록 많아지고 있는 것 같아 안타까운 마음이 듭니다. 그런 가운데 우리 교회는 더욱 사랑이 넘치는 교회가 되길 소망합니다. 그 일을 위해 성령의 은사와 열매로 집사의 직분을 성실과 충성으로 감당하는 제가 되길 원합니다.

(5) 위현복 집사

교회를 오래 다닐수록 교회 내에서 사람들과 관계를 맺는 것을 더욱 꺼리게 되는 제 자신에 대해 예전부터 너무나 잘 알고 있었습니다. 이번 양육을 통해 제 안에도 여러 은사가 있다는 것을 발견하였고, 그 은사들을 올바르게 사용하기 위해서는 제 안의 제가 죽고 오직 그리스도로 행할 때 교회 안에서 저처럼 고민하고 있는 또 다른 성도들도 집사로 세워지고 하나님 나라의 확장을 위해 쓰임 받을 수 있다는 것을 배웠습니다. 또한 하나님께서 교회에 맡겨주신 어린 영혼들이 얼마나 귀한 존재인지 다시금 깨닫게 되었고 아이들에게 신앙의 선배로서 선한 영향력을 전파하기 위해 하나님의 도우심을 갈구하게 되었습니다.

(6) 양정은 집사

예수 그리스도로 말미암아 죄로 인해 죽었던 저를 살리시고 자녀 삼아주신 하나님께 감사드리며, 이런 연약한 저를 직분자로 세우기 위하여 말씀으로 양육해 주신 목사님과 사모님께 감사드립니다.

양육 첫 시간에 믿음 생활이란 곧 나의 인격이 예수님의 인격으로 변화되는 과정이라고 배웠습니다. 이 땅에 섬기러 오신 예수님처럼 우리도 교회 안에서 섬기는 자가 되어야 함을 알게 되자, 어려서부터 신앙의 가정과 공동체 안에서 진실한 섬김과 사랑을 받았던 경험들이 생각났습니다. 그동안 저에게 복음을 들려주시고 예수님의 사랑을 전해주신 부모님과 목사님, 전도사님, 권사님, 장로님, 집사님 등등 수많은 신앙의 선배들의 얼굴이 떠올랐습니다. 저에게 복음의 씨앗이 심겨지기까지 수많은 분들의 헌신과 기도가 있었다는 것을 다시금 깨달았으며 이제는 내가 그런 존재가 되어야겠다고 결단하는 기회가 되었습니다.

인간적인 마음과 생각으로는 교회를 세우는 것이 어려운 것처럼 보이지만, 하나님께서는 이미 우리에게 교회를 세워나갈 은사를 주셨다는 사실이 제게 큰 용기를 주었습니다. 이제는 하나님께서 저에게 섬기는 직분을 맡겨주셨으니 교회 안에서 섬김이 필요한 곳에 사랑을 전하고, 믿음의 동역자들과 함께 복음을 증거하는 삶을 살기를 기대하며 기도합니다.

2. 집사로 세우기

교회는 양육을 마친 교인에게 세례(침례)를 주어 집사로 세울 것입니다. 그리고 교회학교의 교사, 찬양단, 성가대, 안내 등 교회 곳곳에 배치되어 은사와 열매를 활용하며 교회를 건강하게 세울 것입니다. 다만 직분을 맡은 자는 크고 화려한 일은 오히려 교만과 오만이라는 독을 품어내기 쉽다는 것을 기억하고, 무엇보다 낙심하거나 실족하지 않도록 함께 기도로 섬기고 협동할 수 있기를 간절히 바랍니다.

맺는말

　마지막으로 다시 한번 더 강조하는 바는 집사는 교회에서 "무엇으로 불리느냐?"보다 "무엇을 하고 있느냐?"에 중점을 두어야 한다는 것입니다. 그리고 그것은 바로 성령의 은사적 행위입니다. 다시 말해 성령으로부터 받은 은혜를 상대방에게 나눔으로써 덕을 세우고 유익을 끼치는 행위입니다. 교회는 그렇게 은사로 건강하게 세워집니다. 그렇기 때문에 은사는 직업적이고 수동적인 자세가 아닌 순종적이고 능동적인 자세로 발휘됩니다. 그래서 바울은 모든 은사들보다 사랑의 은사를 가장 사모해야 한다고 했습니다.

　한편 성령의 은사는 반드시 성령의 열매로 귀결됩니다. 그리고 열매는 다름 아닌 예수님의 인격으로 연결됩니다. 즉 집사뿐 아니라 모든 그리스도인은 은사적 행위를 일삼는 성도의 교제로 말미암아 젖만 먹어야 하는 어린아이의 신앙에서 벗어나 믿음의 장성한 어른이 됩니다(고전 13:11). 그리스도인으로서의 초보를 버리게 됩니다(히 6:1). 사람의 궤술과 간사한 유혹을 분별하여 넉넉히 이길 수 있는 군사가 됩니다(엡 4:14). 그리스도의 몸 된 교회를 건강히 세우기 위해 몸과 마음을 다하여 집사로서의 역할을 다하는 충성을 놓치지 않게 됩니다(고전 4:2). 그렇게 교회가 세상의 유일한 소망이 됨을 집사의 직분을 맡은 자로서 성령의 은사와 성령의 열매로 증명합니다.

　지금까지 함께 훈련한 형제자매들에게 우리 하나님께서 늘 성령 충만하심의 은혜와 특별한 형통하심이 떠나지 않기를 예수 그리스도의 이름으로 축복합니다.

　　"그리고 맡은 자들에게 구할 것은 충성이니라"(고전 4:2).

 참고문헌

옥한흠, 평신도를 깨운다(국제제자훈련원, 1984)
한영태, 삼위일체와 성결(서울: 성광문화사, 1992)
_____, 웨슬레의 조직신학(서울: 성광문화사, 1993)
_____, 그리스도인의 성결(서울: 성광문화사, 1995)
_____, 웨슬리의 조직신학(Ⅱ)(서울: 성광문화사, 2008)
김남준, 이름 없이 빛도 없이(서울: 생명의 말씀사, 2005)
_____, 목자와 양(생명의 말씀사, 2013)
김승진, 요한 칼빈: 그의 교회론은 신약성서적인가?(침신학대학교 출판부, 2007)
은준관, 신학적 교회론(서울: 대한기독교서회, 1995)
_____, 실천적 교회론(서울: 한들출판사, 2006)
이신건, 칼 바르트의 교회론(서울: 성광문화사, 1989)
홍영기, 은사코드(교회성장연구소, 2006)
장보웅 편, 원문직역 헬라어 분해 대조 성경(LOGOS Ⅱ)(서울: 도서출판 로고스, 2006)
김경진, 대한기독교서회 창립 100주년 기념 성서주석 사도행전. Vol. 36(서울: 대한기독교서회, 1999)
차정식, 대한기독교서회 창립 100주년 기념 성서주석 로마서Ⅰ. Vol. 37-1(서울: 대한기독교서회, 1999)
_____, 대한기독교서회 창립 100주년 기념 성서주석 로마서Ⅱ. Vol. 37-2(서울: 대한기독교서회, 1999)
김지철, 대한기독교서회 창립 100주년 기념 성서주석 고린도전서. Vol. 38. (서울: 대한기독교서회, 1999)
김판임, 대한기독교서회 창립 100주년 기념 성서주석 고린도후서. Vol. 39. (서울: 대한기독교서회, 1999)
김창락, 대한기독교서회 창립 100주년 기념 성서주석 갈라디아서. Vol. 40. (서울: 대한기독교서회, 1999)
박창건, 대한기독교서회 창립 100주년 기념 성서주석 에베소서. Vol. 41. (서울: 대한기독교서회, 1999)
박익수, 대한기독교서회 창립 100주년 기념 성서주석 디모데전후서/디도서. Vol. 45.(서울: 대한기독교서회, 1994)
김연태, 대한기독교서회 창립 100주년 기념 성서주석 빌립보서. Vol. 42.(서울: 대한기독교서회, 1999)
전경연, 대한기독교서회 창립 100주년 기념 성서주석 골로새서·빌레몬서. Vol. 43.(서울: 대한기독교서회, 1999)
오우성, 대한기독교서회 창립 100주년 기념 성서주석 데살로니가전·후서. Vol. 44.(서울: 대한기독교서회, 1999)

번역 서적

J. Robert Clinton, 영적 지도자 만들기(The Making of a Leader), 이순정 역(서울: 베다니 출판사, 1993)

Walter C. Kaiser Jr. 외, 성령 세례란 무엇인가(Perspectives on Spirit Baptism), 이선숙 역(서울: 부흥과개혁사 출판사, 2010)

John R. W. Stott, 성령 세례와 충만(Baptism and Fullness), 김현회 역(서울: IVP, 1997)

George O. McCalep, 은사로 교회를 세운다(Stir Up The Gifts: "Empowering Believers for Victorious Living and Ministry Tasks"), 배윤호 역(서울: 미션월드 라이브러리, 2002)

Miroslav Volf, 삼위일체와 교회(After Our Likeness: The Church as the Image of the Trinity), 황은영 역(서울: 새물결플러스, 1998)

Arthur F. Glasser, 성경에 나타난 하나님의 선교(Announcing the Kingdom), 임윤택 역(서울: 생명의 말씀사, 2006)

Charles H. Kraft, 기독교 문화인류학(Anthropology for Christian Witness), 안영권. 이대헌 역(서울: CLC, 2005)

_____, 기독교와 문화(Christian in Culture: A study in Dynamic Biblical Theologizing in Cross-Cultural Perspective), 임윤택. 김석환 역(서울: CLC, 2006)

_____, 온전한 제자도(The Complete Book of Discipleship), 박규태 역(국제제자훈련원, 2009)

Paul E. Pierson, 선교학적 관점에서 본 기독교 선교운동사(The Dynamics of Christian Mission: History through a Missiological Perspective), 임윤택 역(서울: CLC, 2009)

Otto Weber, 칼빈의 교회관(Die Treue Gottes in der Geschichte der Kirche), 김영재 역(합신대학원 출판부, 2008)

Wolfgang Huber, 교회(Kirche), 이신건 역(한국신학연구소, 1990)

Sinclair B. Ferguson, 성령(The Holy Spirit), 김재성 역(서울: IVP, 1996)

H. Orton Wiley, Paul T. Culbertson, 웨슬리안 조직신학(Introduction to Christian Theology), 전성용 역(서울: 도서출판 세복, 2002)

Mark Dever, 건강한 교회의 9가지 특징(Nine Marks of a Healthy Church), 이용중 역(서울: 부흥과개혁사, 2007)

John MacArthur, Jr., 교회의 해부학(The Anatomy of a Church), 한화룡 역(서울: 두란노서원, 1998)

_____, 성경의 핵심을 꿰뚫어라(The Heart of the Bible), 전의우 역(서울: 생명의 말씀사, 2007)

_____, 구원이란 무엇인가(The Gospel According to the Apostles), 송용자 역(서울: 부흥과 개혁사, 2008)

John Piper, 거듭남(Finally Alive), 전은우 역(서울: 두란노, 2009)

_____, 740 class syllabus. Pasadena, CA: Fuller Theological Seminary, School of World Mission

건강한 신앙, 건강한 교회 1
- 은사와 열매로 집사 세우기 -

1판 1쇄 인쇄 _ 2024년 11월 25일
1판 1쇄 발행 _ 2024년 11월 30일

지은이 _ 송대종
펴낸이 _ 이형규
펴낸곳 _ 쿰란출판사

주소 _ 서울특별시 종로구 이화장길 6
편집부 _ 745-1007, 745-1301~2, 743-1300
영업부 _ 747-1004, FAX 745-8490
본사평생전화번호 _ 0502-756-1004
홈페이지 _ http://www.qumran.co.kr
E-mail _ qrbooks@daum.net / qrbooks@gmail.com
한글인터넷주소 _ 쿰란, 쿰란출판사
페이스북 _ www.facebook.com/qumranpeople
인스타그램 _ www.instagram.com/qrbooks
등록 _ 제1-670호(1988.2.27)
책임교열 _ 이강임

ⓒ 송대종 2024 ISBN 979-11-94464-03-7 93230

책값은 뒤표지에 있습니다.
이 출판물은 저작권법에 의해 보호를 받는 저작물이므로 무단 복제할 수 없습니다.
파본(破本)은 구입처에서 교환해 드립니다.